発掘！
明治初頭の列車時刻

鉄道黎明期の『時刻表』空白の20余年

曽田英夫
Soda Hideo

交通新聞社新書 099

発掘！　明治初頭の列車時刻——目次

はじめに

筆者は、鉄道の趣味のなかでも鉄道運転運輸史の研究を続けている。鉄道運転運輸史とは、簡単にいえば列車の歴史となる。その研究手段は主として時刻表が中心である。

時刻表が現在のように月刊となったのは、明治27年（1894）10月5日に東京・庚寅《こういん》新誌社発刊の『汽車汽船《せん》旅行案内』からである。その後、終戦前後の一時期は別として、多種多様な時刻表が毎月発刊されてきた。

それでは、時刻表のなかった明治時代前半はどのように研究をするのか。それは古文書を紐解いていて行くしかない。いろいろな資料にあたってきて、現在の時刻表と同じ方法で記録することが是非とも必要だと考えたのである。さらに、それらの列車の時刻がどのように変遷していくのかを連続して追究することを試みた。

その成果をまとめ、ここに明治5年（1872）から同20年代後半までの列車の変遷について、時刻表を軸として記してみたい。本書では明治5年の新橋～横浜間開業から、明治22年(1889)の新橋～神戸間全通を経て、日本初の時刻表となる『汽車汽船旅行案内』が創刊された明治27年

10月5日までを取り上げた。今までわからなかった時刻表なども掲載し、細かい時刻改正を取り上げている。こうして時代を大きく遡り、タイムスリップに興じる。そこに時刻表研究の面白みがあるのではないかと考えている。

＊

本書では明治初期の鉄道の姿を蘇らせるが、最初に明治という時代に少し触れておいたほうが良いだろう。

時代は江戸時代の嘉永6年（1853）に遡る。

この年の6月、浦賀沖に黒船が出現した。東インド艦隊司令長官ペリーはアメリカ合衆国大統領の国書を携えて、わが国に開国を迫った。これには、欧米列国が市場獲得をめざしてアジア進出を狙っていたという背景がある。アメリカは、中国貿易でイギリスを追い上げるために、その寄港地として日本に開港を求めたのである。ペリーはいったんは日本を離れたが、翌年再び来航した。この圧力に、幕府は開国を決断せざるを得なくなる。そして安政元年（1854）、日米和親条約を結び、下田、箱館（現・函館）の開港、燃料・食料・水の提供、領事の駐在、難破船員の保護、最恵国待遇を認めた。幕府はこの不平等条約を、イギリス、フランス、ロシア、オランダとも結ぶこととなる。

安政5年（1858）には、大老・井伊直弼《なおすけ》が日米修好通商条約に調印。条約の調印は朝廷と幕府の対立を生み、幕府を攻撃する尊王攘夷運動が激化した。井伊はそれらを強権的に弾圧し（安政の大獄）、政治的安定を図ろうとする。しかし、安政7年（1860）3月、井伊直弼が尊王攘夷派に暗殺されるという桜田門外の変が起こり、それを機に幕府の権威は弱まっていく。

慶応2年（1866）1月には、坂本龍馬らの斡旋で薩長同盟が成立している。また、開港後の経済的・政治的な変動のなかで、「世直し」を求める一揆や打ち壊しが激増し、それらはこの年、最高潮に達していた。

慶応3年（1867）、薩摩藩の西郷隆盛、大久保利通、長州藩の木戸孝允《たかよし》、公家の岩倉具視《ともみ》らは、武力で幕府を倒す計画を進めていく。そして同年10月14日、将軍・徳川慶喜はついに大政奉還を申し出、倒幕派は朝廷の実権を握って12月9日に王政復古の大号令を発する。これにより、京都には満15歳であった天皇を中心とする新しい政権が誕生した。

慶応4年（1868）1月に旧幕府側は京都に兵士を進撃させるも、鳥羽・伏見の戦いで薩長連合軍に敗れる。その後も戊辰《ぼしん》戦争と呼ばれた戦闘は続いたが、翌年5月、箱館で幕府軍は敗れ、戊辰戦争は終結した。

同じく慶応4年に江戸は東京と改称され、天皇は東京に行幸する。9月には年号を「明治」と改め、天皇一代は同じ年号を用いる一世一元制となった。明治時代のはじまりである。

以降、明治政府によってさまざまな近代化が推進されることになる。おもな出来事を年代順に並べると、明治2年（1869）に版籍奉還、同4年（1871）に廃藩置県、同5年（1872）に学制頒布、太陽暦の採用、同6年（1873）に徴兵令、地租改正条例などである。

このような歴史のなか、鉄道の建設は開始されたのである。明治5年（1872）5月には品川〜横浜（現・桜木町）間で仮開業、9月には新橋〜横浜間が開業している。

それ以降、おもな出来事は次のとおりである（以降、新暦で表記）。

・明治7年（1874）　民撰議院設立建白書、立志社結成（自由民権運動のはじまり）
・明治8年（1875）　愛国社結成（愛国社は全国の結社の連絡組織で自然消滅する）
・明治10年（1877）　西南戦争
・明治11年（1878）　愛国社再興
・明治13年（1880）　国会期成同盟結成（国会開設運動の広がり）

・明治14年（1881）明治14年の政変、自由党結成（初の政党結成）
・明治15年（1882）立憲改進党結成
・明治18年（1885）内閣制度発足
・明治22年（1889）大日本帝国憲法発布
・明治23年（1890）帝国議会開設
・明治27年（1894）日清戦争
・明治28年（1895）日清戦争の講和条約「下関条約」調印、三国干渉

近代化は政府の力で推進され、経済や海軍はイギリス、法律や陸軍はフランス、医学はドイツなどがモデルとされた。政府は近代化政策を進めるうえで、民衆を排除しようとしたが、いっぽうで国民のなかに政治に参加しようとする運動が広がっていく。それがいわゆる自由民権運動で、国会開設、憲法制定、地租軽減などを要求していった。

明治7年（1874）の民撰議院設立建白書の提出をきっかけとして、帝国議会が開設される明治23年（1890）までが自由民権運動の時代で、憲法制定と政党結成の動きが中心となっているる。十数年にわたって自由と権利を求めた自由民権運動の結果、明治22年（1889）に明治

天皇より大日本帝国憲法が発布され、翌23年には国会の開設を実現した。ある意味では、国民の運動によって近代的な立憲国家となったのである。

いっぽう、日清戦争はどのようにして開戦に至ったのであろうか。第一回帝国議会において、内閣総理大臣・山縣有朋《やまがたありとも》は、国家の独立を維持するには「主権線」だけでなく、「利益線」も確保すべきとしている。後者は朝鮮半島を指している。すなわち、朝鮮半島の軍事的確保が必要だと述べているのである。

明治27年（1894）5月、朝鮮半島の南側一帯で農民の反乱が広がった。いわゆる甲午《こうご》農民戦争である。朝鮮政府は清国に出兵を要請したが、日本もこれに対抗し、朝鮮に出兵する。ほどなく農民軍は撤退したが、日本は清国の拒否を見越したうえで、共同で朝鮮の内政改革にあたろうと提案し、軍をそのまま駐留させた。日本はこの年7月、イギリスとの日英通商航海条約調印にこぎつけており、イギリスの支持を見越して清国に戦争をしかけることになる。これが日清戦争である。

翌明治28年（1895）4月、日本は清国に勝利した。その講和条約では、朝鮮に対する清の支配権を排除した。また、遼東《りゃおとう》半島・台湾・澎湖《ほうこ》諸島と賠償金2億両（テール・約3億円）などを手に入れた。しかしながら講和条約締結の6日後、ロシア・フランス・ドイツに遼東半島を清国に返還するように迫られ、やむなく政府は同意することになる。これが三国干渉である。

＊

明治時代の前半は、概観してきたような形で政治面・外交面が進展した。このなかで鉄道はその距離を延ばし、発展を遂げていったのである。

それでは、いよいよ明治初期の鉄道へ……。

第1章　汽笛一声新橋を（新橋～品川～横浜間）

品川～横浜間の仮開業――鉄道が初めて走った――

わが国における鉄道は明治5年（1872）9月12日（太陽暦10月14日）、新橋（のちに汐留。現・廃止）～横浜（現・桜木町）間に開業し、明治天皇をお迎えして開業式を挙行したのがはじまりである。

しかし実際には、それ以前に列車が乗客を乗せて走っている。それは新橋の1つ手前の品川～横浜間のことで、開業したのは明治5年5月7日（太陽暦6月12日）のことである。

品川～横浜間、ここでいう横浜は現在の桜木町であり、この間は14マイル62チェーン（約23・8キロ）である。開業当時、距離はマイルとチェーンで表わしていた。80チェーンが1マイル、1マイルは約1609・3メートルである。鉄道が現在のようにメートル法を採用するのは昭和5年（1930）4月1日からで、それまではマイル、チェーンで表示していた。

さて、話は明治5年5月7日に戻るが、この日が鉄道が最初に営業した日となる。列車の時刻はわかっているのかというと、「判明している」となる。【表1】の時刻表がそれである。なんと、1日たった2往復のみであった。

朝、横浜を8時0分に出発し、品川に8時35分に着く。この列車こそ、わが国で一番初めに運

【表１】明治５年５月７日（太陽暦６月12日）／品川〜横浜間の列車時刻表

●下り

品川発	900	1700
横浜着↓	935	1735

●上り

横浜発	800	1600
品川着↓	835	1635

転された定期列車である。所要時間は35分で、走行距離を所要時間で割った時速である表定速度は時速40・8キロである。品川発は9時0分で横浜着は9時35分である。夕方は横浜を16時0分に発車し、品川に16時35分に到着、品川は17時0分に発車、横浜着が17時35分である。品川〜横浜間は前記のとおり現在の品川〜桜木町間であるが、現在でも同区間は京浜東北線・根岸線の電車で30分かかるので、途中駅がないとはいえ、ずいぶん速かったものだと驚かされる。

この列車の運転には、もの珍しさでたくさんの人が乗りに来たようである。そのあたりを志茂田景樹氏の著書『汽笛一声』で雰囲気を味わってみよう。

五月七日、品川・横浜間が仮開業を開始した。

その日は、午前に一往復、午後に一往復の二往復しか運行しなかったが、佐藤政養の言っていたとおりに、品川駅の切符販売所には長蛇の列ができた。上等の客は、ほとんど政府役人の招待客で、芸者姿もちらほらと見られた。

仮開業開始の当日は、派手はでしい祝典めいたことはしなかったが、それでも外国人技師、日本人技師など建設にあたった人々に、鉄道寮の上級役人たちもまじえて、午前の汽車を万歳の歓呼で見送った。

午前の汽車には、シャープ・スチュアート社製の機関車が使われて、それを運転したのはジョン・ホールであった。

【表2】明治5年5月8日（太陽暦6月13日）／
品川〜横浜間の列車時刻表

●下り

品川発	900	1000	1100	1500	1600	1700
横浜着↓	935	1035	1135	1535	1635	1735

●上り

横浜発	800	900	1000	1400	1500	1600
品川着↓	835	935	1035	1435	1535	1635

翌日から列車は6往復に増発された。なぜいきなり翌日から増発できたのかはわかっていない。まず2往復で様子を見て、そのうえで増発することが予定されていたのだとも考えられる。

6往復となった時刻表は【表2】のとおりである。品川発は、9時0分・10時0分・11時0分・15時0分・16時0分・17時0分、横浜着は9時35分、10時35分、11時35分、15時35分、16時35分、17時35分であった。いっぽう、横浜発は8時0分・9時0分・10時0分・14時0分・15時0分・16時0分、品川着は8時35分、9時35分、10時35分、14時35分、15時35分、16時35分で、所要時間は35分と初日と変わっていない。5月7日に運転された品川発9時0分・17時0分、横浜着9時35分・17時35分、横浜発8時0分・16時0分、品川着8時35分・16時35分の2往復は、そのままこの時刻表に含まれていて、始発列車と最終列車であることがわかる。そのため、最初から2日めの、この時刻表が決められていたのではないかと思われる。

また、品川発と横浜発で同時刻に発車する列車がある。9時0分、10時0分、15時0分、16時0分の4往復である。同時に発車すると、単線で途中に駅がないので衝突するのではないかと心配になるが、じつは、のちに川崎駅となる地点で列車交換ができたのである。明治4年（1871）10月8日、岩倉具視が外遊のために開業前に乗車した際の文書には、川崎駅で5分間、品川行と列車交換する旨の記述があり、もうこの試運転時期には交換ができたことがわかる。

この6往復に増発された日が、5月8日か9日かで2説あることを付記しておこう。

▼8日説　『日本国有鉄道百年史（第1巻）』94・633ページ
▼9日説　『鉄道略年表』8ページ
『明治鉄道物語』原田勝正著　94ページ
『日本鉄道史（上篇）』56ページ

前記の『汽笛一声』は8日説をとっている。
また、当時の新聞を見ても『横濱毎日新聞』（第446号・明治5年5月12日）は8日から、『日新眞事誌』（第39号・明治5年5月12日）は9日からとなっている。ついでながら運転時刻は『横濱毎日新聞』が正しいが、『日新眞事誌』は「毎朝品川ヨリ九字十字午後二字四字五字五度發車ス横濱ヨリ毎朝八字九字十字午後二字三字四字六回發車ス」となっている。正しくは「毎朝品川ヨリ九字十字十一字午後三字四字五字六度發車ス」である。現在の「時」は当時「字」と書いた。今見ると奇異な感じがする。

筆者はかつては、翌々日である9日説が有力と考えていたが、最近では8日説が有力と考えている。なぜなら公文書では8日となっており、右記『横濱毎日新聞』の記述においても、実施日・運転時刻ともに同じだからである。

ともあれ、品川〜横浜間は2日めから1日6往復となり、乗客数も仮開業1週間で4000人に達した。次の1週間

【表3】明治5年6月5日（太陽暦7月10日）／品川〜横浜間の列車時刻表

●下り

品　川発	905	1005	1105	1605	1705	1805
川　崎発	922	1022	1122	1622	1722	1822
神奈川発	939	1039	1139	1639	1739	1839
横　浜着↓	945	1045	1145	1645	1745	1845

（新設）

●上り

横　浜発	800	900	1000	1500	1600	1700
神奈川発	806	906	1006	1506	1606	1706
川　崎発	822	922	1022	1522	1622	1722
品　川着↓	840	940	1040	1540	1640	1740

（新設）

【表４】明治５年７月８日（太陽暦8月11日）／品川～横浜間の列車時刻表

●下り

品　川発	805	905	1005	1105	1505	1605	1705	1805
川　崎発	822	922	1022	1122	1522	1622	1722	1822
神奈川発	839	939	1039	1139	1539	1639	1739	1839
横　浜着↓	845	945	1045	1145	1545	1645	1745	1845
	（新設）				（新設）			

●上り

横　浜発	700	800	900	1000	1400	1500	1600	1700
神奈川発	706	806	906	1006	1406	1506	1606	1706
川　崎発	722	822	922	1022	1422	1522	1622	1722
品　川着↓	740	840	940	1040	1440	1540	1640	1740
	（新設）				（新設）			

では５０００人を超え、すっかり自信を持った工部省鉄道寮（のちの鉄道局）は、増便と運賃の値下げを考えるまでになっていく。

そうしたこともあって、仮開業でありながら、時刻改正はこれ以降に２度も実施されている。まず６月５日には川崎駅、神奈川駅が新設され時刻改正が行なわれ、【表３】のようになった。

発時刻は、品川発は15時発を廃止し、18時５分発を新設した。そのうえ、各列車は５分発としたので、９時５分・10時５分・11時５分・16時５分・17時５分・18時５分発となったが、横浜発は14時発を廃止し、17時発を新設し、８時０分、９時０分、10時０分、15時０分、16時０分、17時０分発となった。神奈川駅は昭和３年（１９２８）10月15日に横浜駅移転に伴い廃止されている。右頁時刻表でわかるように所要時間は５分延びて40分となり、品川・横浜両駅発の各列車は川崎で交換していた。

さらに、7月8日には品川発8時5分、15時5分、横浜発7時0分、14時0分の2往復を増発して【表4】のとおり8往復となり、所要時間は40分。これが仮開業最後の姿であった。

品川～横浜間の運賃（当時は賃金といった）は、当初は上等1円50銭、中等1円、下等50銭であった。その後、明治5年（1872）6月5日に値下げされ、上等93銭7厘5毛、中等62銭5厘、下等31銭2厘5毛となった。また、列車に乗ろうとする者は「遅くとも此表示の時刻より15分前にステイションに来《きた》り切手（きっぷの事）買入其他の手都合を為すへし」と注意を促していた。

新橋～横浜間の開業――開業式挙行さる――

開業式は明治5年（1872）9月12日（太陽暦10月14日）に挙行された。

同年5月27日に「汐留ステーション」は「新橋ステーション」と改称され、6月30日には新橋停車場の乗降場が完成した。7月25日には新橋～品川間の線路敷設が完了している。開業への準備は着々と進み、9月12日の開業式を迎えることになったのである。ちなみに、当初は9月9日の挙行予定であったが、雨のために中止となり、12日となったという経緯がある。

【表５】明治５年９月12日（太陽暦10月14日）／
明治天皇お召列車の列車時刻表

新橋発 ↓ 横浜着	1000 1100

横浜発 ↓ 新橋着	1200 1300

同日午前９時、直衣《のうし》姿の明治天皇が４頭立て馬車に召されて皇居を出発なされた。新橋鉄道館は、無数の万国旗や紅白の提灯、緑のアーチによって祝賀ムードが一層盛り上げられていた。天皇は近衛兵第一大隊のラッパ吹奏と捧《ささ》げ銃《つつ》に迎えられて入館された。

当日の天皇の新橋〜横浜間の行幸・還幸は【表５】のとおりである。午前10時、列車に召されて横浜へ向かわれた。列車は９両編成で、天皇は３両めに乗車され、有栖川宮熾仁《ありすがわのみやたるひと》親王、太政大臣・三条実美《さねとみ》、鉄道頭・井上勝《まさる》などが同じ車両に乗車した。その他の車両には西郷隆盛、大隈重信、板垣退助などが乗車していた。岩倉具視、木戸孝允、大久保利通、伊藤博文らは欧米に使節として渡航しており、不在であった。

列車発車と同時に、日比谷練兵場では祝砲１０１発、品川沖に停泊中の軍艦からは21発の砲が放たれた。

列車は１時間を要して横浜に11時０分に到着した。横浜の人々は各戸に日の丸を掲げ、目抜き通りでは日の丸の提灯、紅白の幕を張り巡らせ、奉祝ムードを盛り上げた。まず横浜で式典が挙行され、天皇は役人たちに対して、「今般我國鐵道ノ首線工竣《おわ》ルヲ告ク朕親《みずか》ラ開行シ其ノ便利ヲ欣《よろこ》フ嗚呼汝百官此盛業ヲ百事維新ノ初メニ起シ此鴻利ヲ萬民永享ノ後ニ恵マントス其勵精勉力實ニ嘉尚スヘシ朕我國ノ富盛ヲ期シ百官萬民ノ為之ヲ祝ス朕更ニ此業ヲ擴張シ此線ヲシテ全國ニ蔓布セシメンコトヲ庶幾ス」（「鴻利《こうり》」は大きい利益、「永享《えいきょう》」は永く受ける事、「嘉尚《かしょう》」は賛美するの意味である。原文の読みがなは編集部で追加）との勅語を賜った。また、庶民に対しては、「東京横濱間ノ鐵道朕親《ちか》ク開行ス自今此便利ニヨリ貿易愈《いよいよ》繁昌庶民益《ますます》富盛ニ至ランヲ望ム」との勅語を賜った。

　式典は続き、横浜での式典を終えられた天皇は午後の列車で再び東京へ向かわれ、午後1時に新橋に還幸なされた。

　続いて、新橋における開業式にご臨席され、横浜と同文の勅語を百官に賜り、代表して三条大臣が祝辞を奉った。さらに横浜と同文の勅語を人民に賜った。これに東京府民を代表して、東京商人頭取の三井八郎右衛門高福《たかよし》が祝辞を奉呈した。このあとも祝典は続き、開業式は滞りなく終了したのである。明治天皇還幸後、大臣、参議、勅任官、工部省奏任官、各国公使らは浜離宮延遼館で祝杯をあげた。

　鉄道構内には桟敷が設けられ、停車場と蒸気機関車が一般に公開された。新橋停車場は停車場本屋、乗降場、客車庫、荷物庫、荷物積所、板庫《いたくら》、石炭庫、機関庫、機関車修復所、雇外国人官舎等から構成されていた。特に、アメリカ人建築士、Ｒ・Ｐ・ブリジェンスの設計による停車場本屋は西洋造り２階建てで、横浜駅とともに明治初期の代表的な洋館建築であった。

当日はお召列車の警護、沿線の整理、不祥事の防止などに警官が配備されたが、多くの市民が鉄道沿線に参集した。その混雑ぶりは予想をはるかに上回り、民衆の整理に手を焼いたと当時の新聞は伝えている。御浜御殿（浜離宮の別称）では、いなりずしやおでんで接客していたが、その接待の係が名うての剣客・平手造酒《ひらてみき》であったとは、新内《しんない》語りの名人・七代目富士松加賀太夫の思い出ばなしである。平手造酒は千葉周作道場出身で、死んだものとされていたのだが、野袴に陣羽織を着た白髪の老人であったという。

ともあれ、鉄道が開業したこの日は祝賀ムードのなかで暮れていった。その後、大正11年（１９２２）に、９月12日を太陽暦に直した10月14日が「鉄道記念日」と定められたのである。さらに、平成６年（１９９４）には「鉄道の日」と呼称が変わり、鉄道事業者や関係者全体が祝う日となっている。

また、旧新橋停車場は平成15年（２００３）４月10日に東日本鉄道文化財団の手で再現された。駅舎や隣接するホームは当時の資料や写真を参考に復元され、２階建ての駅舎内部には資料展示室などがある。

再現された旧新橋駅駅舎（上）とホーム（下）

新橋〜横浜間の開業——開業ダイヤは……——

開業式の翌9月13日から営業運転が開始された。新橋〜横浜間は18マイル（約29キロ）である。途中駅は品川、川崎、鶴見、神奈川で、営業運転開始と同時に鶴見駅が開業している。時刻表は【表6】のとおりである。新橋発は、８時から18時の間に12時、13時を除いた毎時０分発の９本、横浜発も同様に、８時から18時の間に12時、13時を除いた毎時０分発の９本で、９往復が設定された。所要時間は53分で、表定速度は時速32・８キロであった。新橋・横浜を同時に発車した列車は川崎で交換していた。

明治の初めに東京〜横浜間を１時間未満で走っていたとは、なかなか信じがたいことであった。ちなみに、現在の時刻表で京浜東北線・根岸線の新橋〜桜木町間を見ると、概ね36〜38分である。

その頃の逸話だと思われるが、新橋から横浜に着いても誰一人として乗客が降りず、駅員が「横浜に着いたから降りなさい」と言っても誰も承知しなかった……という話が残っている。かつては１日がかりで歩いていたこの区間が、わずか１時間で来られるはずがないといって信用しなかったからだという。それくらい速かったのだ。

さて、この時代の日本の人口はどれくらいであったのだろうか。明治５年（１８７２）の

【表6】明治５年９月13日（太陽暦10月15日）／開業時の列車時刻表

●下り

新　橋発	800	900	1000	1100	1400	1500	1600	1700	1800
品　川発	808	908	1008	1108	1408	1508	1608	1708	1808
川　崎発	826	926	1026	1126	1426	1526	1626	1726	1826
鶴　見発	834	934	1034	1134	1434	1534	1634	1734	1834
神奈川発	845	945	1045	1145	1445	1545	1645	1745	1845
横　浜着↓	853	953	1053	1153	1453	1553	1653	1753	1853

●上り

横　浜発	800	900	1000	1100	1400	1500	1600	1700	1800
神奈川発	806	906	1006	1106	1406	1506	1606	1706	1806
鶴　見発	817	917	1017	1117	1417	1517	1617	1717	1817
川　崎発	826	926	1026	1126	1426	1526	1626	1726	1826
品　川発	843	943	1043	1143	1443	1543	1643	1743	1843
新　橋着↓	853	953	1053	1153	1453	1553	1653	1753	1853

人口統計『日本全国戸籍表』は、最末端の行政単位の戸籍簿に登録された人口を全国集計したものである。それによれば、当時の人口は３３１１万８２５人、すなわち約３３１１万人であった。そのうち、当時の東京府は77万９３６１人、神奈川県は49万２７１４人で、双方を合計すれば１２７万２０７５人となり、全国の３・８％を占めていた。ちなみに府県のトップは東京府ではなく、意外にも広島県の約92万人で、２位は山口県の約83万人であり、東京府は第３位であった。

記録では、明治５年（１８７２）５月７日から12月２日の７カ月に49万４５７０人を運んだことになっている。これは東京・神奈川両府県の合計人口の38・９％、約４割にあたる。１日あたり２４３６人を運んだ計算だ。

当初の運賃は、上等1円12銭5厘、中等75銭、下等37銭5厘であった。当時の物価を見てみると、東京府下の入浴料が1銭5厘、国立博物館観覧料が2銭、白米は10キログラムあたり36銭である。下等で片道に乗車すれば白米10キログラムが買え、往復では白米は20キログラムが買えたことになる。今のように比較的安い運賃ではなかったのは確かであろう。

汽車に乗るならば

当時、汽車に乗るにはどのような規則になっていたのか。駅の時刻表の下には次のような規則が書かれていた。

「九月十日ヨリ旅客ノ列車此表ニ示ス時刻ノ發著ニテ日々東京横濱各ステーシヨンノ間ヲ往復ス」「乗車セント欲スル者ハ遅クモ此表示ノ時刻ヨリ十分前ニステーシヨンニ來リ切手買入其他ノ手都合ヲ爲スヘシ」とある。「9月10日より」となっているのは、当初の予定による。発車時刻の10分前に駅に来て切手を買うなり、その他の用事を済ませようとしている。「但發車竝ニ著車共必此表示ノ時刻ヲ違ハサルヤウニハ請合カタケレトモ可成丈遅滞ナキヤウ取行フヘシ」として定時運転を約束している。しかし、実際は乗客に「時間の観念」がないために、

10・・・分前としても効果なく、結局乗客が継続的に殺到してくるので、発車時間がしばしば遅れることとなったようだ。

「手形ハ其日限リ乗車一度ノ用タルヘシ」「小児四才迄ハ無賃其餘十二才迄ノ半賃金ノ事」「旅客ハ總テ鐵道規則ニ隨ヒ旅行スヘシ」「手形検査ノ節ハ手形ヲ出シ改ヲ受又手形取集ノ節ハ之ヲ渡スヘシ」「旅客自ラ携《たずさ》フ小包胴亂《どうらん》ノ類ハ無賃ナレトモ若シ損失アラハ自ラ負フヘシ」「其餘ノ手廻荷物ハ東京横濱ノ間目方三十斤迄ハ二十五銭三十斤以上六十斤迄ハ五十銭ヲ拂ヒ荷物掛ヘ引渡請取證書ヲ求メ置ヘシ」「尤《もっとも》一人ニ付目方六十斤迄ヲ限トス」「手廻荷物ハ總テ姓名カ又ハ目印ヲ記スヘシ」「旅客中乗車ヲ得ルト得サルハ車内ニ場所ノ有無ニヨルヘシ」と規定していた。切手は改札を過ぎると手形と呼ばれていた。子どもは4歳までは無料、それ以上12歳までは大人運賃の半額であった。また、東京～横浜間では小包胴乱は無料であるが、手荷物30斤までは25銭、30～60斤は50銭、60斤が限度であった。1斤は約600グラムであるから、30斤は約18キログラム、60斤は約36キログラムである。

また、「犬一疋ニ付東京横濱ノ間賃銭二十五銭其中間ノステーションハ何レモ其半賃銭ヲ拂フヘシ」「併シ旅客車ニ載スルヲ許サス犬箱或ハ車長ノ車ニテ運送スヘシ」「尤首輪首綱口綱ヲ備ヘテ相渡スヘシ」と規定され、犬も有料で運搬することができた。人は下等で37銭5厘であるから、

25銭は約6割となり、小児運賃より高かった。

「發車時限ヲ怠ラセル爲時限ノ三分前ニステーションノ戸ヲ扃《とざ》サスヘシ」「吸煙車ノ外ハ烟草ヲ許サス」とあり、発車3分前には改札口を閉ざすとしている。また喫煙は吸煙車の他はできないとしており、現在に通じるルールである。

汽車は走る

それでは明治5年（1872）旧暦9月に開業した新橋〜横浜間の列車【表6】に乗って空想旅行をしてみよう。

まずは新橋駅に人力車で到着する。乗る列車は新橋発10時の横浜行である。

新橋駅は汐留と呼ばれていたが、開業時は新橋駅となっていて、その駅舎を見上げてみる。駅本屋はアメリカ人ブリジェンスの設計によるもので、木骨で石貼り。奥行20・8メートル、幅9・6メートルの2階建て建物を2棟並べて、木造平屋の建物でつないだ構造だ。今や東京の名所となっている。

切手を買い、改札を抜けてホームに上がると列車が待っている。マッチ箱のような下等の客車に乗り込む。発車時刻がきたようで、客車の扉を閉め、蒸気機関車はシュッシュッと蒸気の音とともに発車する。最初の品川までは最後に出来た区間で、海を埋め立てた高輪の築堤を行く。このあと通る八ツ山〜御殿山間の切通しから出た土砂などで築いた築堤だ。左手には東京湾、右手に海を挟んで東海道が見える。なぜそのような姿になったのか。市街地には薩摩藩下屋敷などがあったため、その反対側の海の上に汽車を走らせるようになったと思われる。

列車は築堤を走り、高輪の海から陸に上がって最初の駅品川に到着する。10時8分に再び蒸気機関車は始動し発車する。すぐに八ツ山陸橋の下をくぐる。上を通るのは東海道で、鉄道として初めての立体交差だ。

間もなく八ツ山、御殿山の切通しにかかる。汽車は山裾を削った切通しを通って行く。切通しの深さは山側で18メートル、海側で6メートルとなっている。切り出した岩石の量は約30万トンになるというから驚きだ。

これから先は東海道の山側を進んで行く。やがて、六郷川の橋梁を渡る。六郷川の橋梁は623・6メートルの木造橋である。よくも材木だけで、鉄で出来た機関車や線路を支えられるものだと感心する。もともと複線分で造ってあった。

やがて川崎に着く。川崎では上り列車と交換する。横浜を10時0分に発車した上り列車を待ち、

10時26分に同時に発車していく。

川崎～神奈川間では、神奈川から工事が進められた。鶴見川の橋梁にさしかかる。この橋梁も難工事であったようだ。全長は約78メートル、径間約13メートルの５つの橋脚からなる橋である。鶴見駅に停車し、10時34分に発車。次の神奈川駅に着く。発車は10時45分である。線路は神奈川宿の脇を切通しで鶴見方面に向かっている。その途中に橋が架かっている。上を通るのは再び東海道で、第一九橋と呼ばれている。

神奈川から横浜に至るまでは、平沼の入江が深く陸地に食い込んでいる。そのため、陸地に沿って線路を引くとかなりの大回りとなるので、それを避け、短距離で結ぶために埋め立てることとなった。工事は地元の実業家、高島嘉右衛門が完成させた。列車はその築堤を進んで行く。この土砂は、現在の横浜市西区宮崎町にあった伊勢山を崩して造成されたとのことである。

列車はさらに走り続け、横浜駅に滑り込む。10時53分、定刻だ。新橋から53分で横浜へ着いた。横浜駅の駅本屋は新橋駅のそれと同じで、アメリカ人ブリジェンスの設計によるものである。その駅舎を眺めて横浜での仕事に向かうのである。

早々と時刻改正を実施する――1年に4度も――

普通に考えれば、いちど時刻を決めれば、すぐには時刻改正などしないものと考えがちである。ところが意外なことに、当時はかなり頻繁に時刻改正をしていた。

まず、暦の変更について触れておこう。わが国では、従来は太陰暦を使ってきたが、明治5年（1872）11月9日に太陽暦の採用を布告し、同年12月3日を明治6年（1873）1月1日と定めた。明治5年には現代のクリスマスも大晦日もなかったのである。

さて、明治6年3月1日に初の時刻改正を実施している。といっても、新橋発・横浜発13時0分の1往復を増発し、10往復としただけであった。それは新橋・横浜発11時0分・14時0分の列車が混み合うからであった。『太政類典《だじょうるいてん》』（明治初期の公文書集）には「工部省布達」として、「新橋ヨリ横濱之間汽車運転發車之是迄日々九度ツ、往返相成候処三月一日ヨリ午後一時發車相増申候此暖相達候也　六年二月廿二日」とある。

時刻表は【表7】のとおりである。新橋・横浜発ともに、8時0分・9時0分・10時0分・11時0分・13時0分・14時0分・15時0分・16時0分・17時0分・18時0分、横浜・新橋着はともに8時53分、9時53分、10時53分、11時53分、13時53分、14時53分、15時53分、16時53分、17時

【表７】明治６年３月１日／新橋〜横浜間 初の時刻改正

●下り

新橋発	800	900	1000	1100	1300	1400	1500	1600	1700	1800
品川発	808	908	1008	1108	1308	1408	1508	1608	1708	1808
川崎発	826	926	1026	1126	1326	1426	1526	1626	1726	1826
鶴見発	834	934	1034	1134	1334	1434	1534	1634	1734	1834
神奈川発	845	945	1045	1145	1345	1445	1545	1645	1745	1845
横浜着↓	853	953	1053	1153	1353	1453	1553	1653	1753	1853
					（新設）					

●上り

横浜発	800	900	1000	1100	1300	1400	1500	1600	1700	1800
神奈川発	806	906	1006	1106	1306	1406	1506	1606	1706	1806
鶴見発	817	917	1017	1117	1317	1417	1517	1617	1717	1817
川崎発	826	926	1026	1126	1326	1426	1526	1626	1726	1826
品川発	843	943	1043	1143	1343	1443	1543	1643	1743	1843
新橋着↓	853	953	1053	1153	1353	1453	1553	1653	1753	1853
					（新設）					

【表８】明治６年５月１日／新橋〜横浜間 時刻改正

●下り

新橋発	700	800	900	1000	1100	1300	1400	1500	1600	1700	1800	1900
品川発	708	808	908	1008	1108	1308	1408	1508	1608	1708	1808	1908
川崎発	726	826	926	1026	1126	1326	1426	1526	1626	1726	1826	1926
鶴見発	734	834	934	1034	1134	1334	1434	1534	1634	1734	1834	1934
神奈川発	745	845	945	1045	1145	1345	1445	1545	1645	1745	1845	1945
横浜着↓	753	853	953	1053	1153	1353	1453	1553	1653	1753	1853	1953
	（新設）											（新設）

●上り

横浜発	700	800	900	1000	1100	1300	1400	1500	1600	1700	1800	1900
神奈川発	706	806	906	1006	1106	1306	1406	1506	1606	1706	1806	1906
鶴見発	717	817	917	1017	1117	1317	1417	1517	1617	1717	1817	1917
川崎発	726	826	926	1026	1126	1326	1426	1526	1626	1726	1826	1926
品川発	743	843	943	1043	1143	1343	1443	1543	1643	1743	1843	1943
新橋着↓	753	853	953	1053	1153	1353	1453	1553	1653	1753	1853	1953
	（新設）											（新設）

53分、18時53分であり、所要時間は変わらず53分であった。

その2カ月後の5月1日には、新橋・横浜発7時0分、19時0分の2往復の列車を増発し、12往復となった。この結果、新橋、横浜の列車の発着時刻は【表8】のようになった。

この時刻改正では始発列車と最終列車が新設され、始発は7時0分発と1時間繰り上げ、最終も19時0分発とこちらは1時間繰り下げられた。7時0分から19時0分までの間に12時0分発がないだけで、ほぼ毎時1本の時刻表となったのである。

また、7月25日には、炎暑のため新橋・横浜発13時の列車の運転を中止し、11往復となっている。『太政類典』によると、明治6年（1873）7月19日付工部省届で、炎暑による汽車旅客の自然減少に対して「来ルニ十五日ヨリ新橋横濱トモ午後一時發車當分ノ内指シ止メ申候（後略）」とし、中止期間は「当分の内」となっている。さらに『太政類典』では明治6年9月23日付工部省届及び布達で「新橋横濱間来ル十月五日ヨリ午前午後七時共七時ノ發車ヲ指止メ更ニ午後一時發車相増候條為此旨布達候事」（工部省布達）とし、10月5日には新橋・横浜発7時0分、19時0分の2往復を廃止し、13時0分を復活させて10往復となっている。

このように、明治6年の1年間だけをとっても、4度もの時刻改正を実施しているのは驚きだ。

明治7年以降、明治9年までの時刻改正

明治7年（1874）4月20日の時刻改正では、前年10月5日に復活した新橋・横浜発13時0分の列車を廃止し、同日廃止されていた19時0分発の列車を復活して、10往復となった。

続く5月1日の時刻改正では、所要時間が5分延びて58分となっている。また、終列車を3時間後にずらし、新橋・横浜発22時0分の列車を新設した。横浜・新橋着は22時58分で、今でも深夜帯にかかる時間に、当時どのような人がこの時間の列車を利用していたのか、興味のあるところだ。この結果、新橋・横浜発はともに、8時0分・9時0分・10時0分・11時0分・14時0分・15時0分・16時0分・17時0分・18時0分・19時0分に22時0分を加えた11往復となった。

続く6月15日の時刻改正による時刻表は『太政類典』に掲載されていた。その表書きは5月28日工部省布達「鐵道貨物運送補足及賃銭改正」という表題で、「鐵道貨物運送補足並追加」「鐵道列車賃金表共別紙ノ通改正ノ上来ル六月十五日ヨリ施行」の改正賃金表が示されており、その次のページに【表9】のように時刻表が掲載されている。

この時刻表と5月1日の時刻改正を比較すると、新橋・横浜発7時0分発1往復が増発され12往復となっている。この時刻改正は『日本国有鉄道百年史（第1巻）』に記載はないが、5月1

【表9】明治7年6月15日／新橋〜横浜間 時刻改正

●下り

新橋発	700	815	930	1045	1200	1315	1430	1545	1700	1815	1930	2200
品川発	709	824	939	1054	1209	1324	1439	1554	1709	1824	1939	2209
川崎発	732	847	1002	1117	1232	1347	1502	1617	1732	1847	2002	2232
鶴見発	741	856	1011	1126	1241	1356	1511	1626	1741	1856	2011	2241
神奈川発	752	907	1022	1137	1252	1407	1522	1637	1752	1907	2022	2252
横浜着↓	758	913	1028	1143	1258	1413	1528	1643	1758	1913	2028	2258

●上り

横浜発	700	815	930	1045	1200	1315	1430	1545	1700	1815	1930	2200
神奈川発	707	812	937	1052	1207	1321	1437	1552	1707	1822	1937	2207
鶴見発	719	834	949	1104	1219	1334	1449	1604	1719	1834	1949	2219
川崎発	730	845	1000	1115	1230	1345	1500	1615	1730	1845	2000	2230
品川発	750	905	1020	1135	1250	1405	1520	1635	1750	1905	2020	2250
新橋着↓	758	913	1028	1143	1258	1413	1528	1643	1758	1913	2028	2258

【表10】明治9年8月20日／新橋〜横浜間 時刻改正

●下り

新橋発	700	815	930	1015	1200	1315	1430	1545	1700	1815	1930	2200	2315
品川発	711	826	941	1056	1210	1326	1441	1556	1711	1826	1941	2211	2326
大森発	721	836	951	1106	1221	1336	1451	1606	1721	1836	1951	2221	レ
川崎発	739	856	1009	1124	1239	1354	1509	1624	1739	1854	2009	2239	1253
鶴見発	747	902	1017	1132	1247	1402	1517	1632	1747	1902	2017	2247	レ
神奈川発	800	915	1030	1145	1300	1415	1530	1645	1800	1915	2030	2300	013
横浜着↓	805	920	1035	1150	1305	1420	1535	1650	1805	1920	2035	2305	018

●上り

横浜発	707	822	937	1052	1207	1322	1437	1552	1707	1822	1937	2207	2322
神奈川発	713	828	943	1058	1213	1328	1443	1558	1713	1828	1943	2213	2328
鶴見発	726	841	956	1111	1226	1341	1456	1611	1726	1841	1956	2226	レ
川崎発	736	851	1006	1121	1236	1351	1506	1621	1736	1851	2006	2236	2350
大森発	752	907	1022	1137	1252	1407	1522	1637	1752	1907	2022	2252	レ
品川発	802	917	1032	1147	1302	1417	1532	1647	1802	1917	2032	2301	015
新橋着↓	812	927	1042	1157	1312	1427	1542	1657	1812	1927	2042	2312	025

日に続いて運賃改訂と同時に時刻改正を実施したものと思われる。

翌明治8年（1875）6月14日には終列車はさらに遅くなり、新橋・横浜発23時15分となっている。この列車は、途中川崎のみに停車するという初の快速運転で、終着は0時5分、所要時間50分（表定速度時速34・8キロ）であった。このような時間に乗る人がいたのであろうか。平成28年（2016）7月現在の時刻表では、京浜東北線下り桜木町着の終電車は1時13分、上り新橋着の終電車は0時53分であるから、当時と大差はない。同年7月1日から新橋・横浜発23時15分の終列車は川崎のほかには鶴見以外に停車し、所要時間は58分、終着は0時13分となった。

翌明治9年（1876）2月1日には、終列車は新橋・横浜発23時20分、終着0時18分となり、さらに現代に近づいている。また、6月12日には品川〜川崎間に大森駅を新設している。

同年8月20日には【表10】のように時刻改正を実施し、13往復となっている。所要時間は1時間5分に延長されている。最終列車では新橋発23時15分、横浜発23時22分で大森、鶴見を通過する快速運転をしているが、それでも1時間3分かかっている。

小区間短距離列車が運転される――新橋～田町～品川間――

明治9年（1876）12月1日、新橋～品川間が複線となった。さらに、同区間に田町仮駅（当時の芝田町二丁目に所在）を新設。これにより、新橋～品川間のわずか3マイル18チェーン（約5・2キロ）に小区間短距離運転の列車が新設された。このことは意外と知られていない。

当時の工部卿・伊藤博文が太政大臣・三条実美宛に提出した「汽車時刻併賃金表改正ニ付御届」と題する文書には、「今般新橋品川間芝田町裏ニ於テ停車場相設来十二月一日ヨリ運輸始業候ニ付テハ汽車時刻併賃金表別紙之通ニ候間此段届申進候也　明治九年十一月二十九日」となっている。その時刻表が【表11】である。

この時刻表を見ると、始発列車の次の新橋発は7時15分から、品川発は7時30分からの1時間15分ヘッド（間隔）での発車となっている。また、発車時刻も0分か5分単位となっていて、ダイヤグラムとしては優れていると考えられる。ただし、最終列車だけは1時間25分後の発車となっていた。所要時間は、新橋～田町間が5分、田町で1分停車、田町～品川間は4分で、全区間はわずか10分である。一体何を目的として設定したのであろうか。ちなみに運賃は、新橋～田町間が大人・下等で3銭、田町～品川間も同じ3銭であった。現在であれば、新橋～品川間となり、

【表11】明治9年12月1日／新橋～品川間 小区間短距離列車の運転開始

●下り

新橋発	630	715	830	945	1100	1330	1445	1600	1715	1840
田町仮 着	635	720	835	950	1105	1335	1450	1605	1720	1845
田町仮 発	636	721	836	951	1106	1336	1451	1606	1721	1846
品川着↓	640	725	840	955	1110	1340	1455	1610	1725	1850

●上り

品川発	645	730	845	1000	1115	1345	1500	1615	1730	1855
田町仮 着	649	734	849	1004	1119	1349	1504	1619	1734	1859
田町仮 発	650	735	850	1005	1120	1350	1505	1620	1735	1900
新橋着↓	655	740	855	1010	1125	1355	1510	1625	1740	1905

山手線電車で所要時間は7分である。

なお、新橋～横浜間は13往復で、所要時間は1時間5分から60分、すなわち1時間とした。開業時から比べると、7分も所要時間が増加している。

明治10年（1877）1月1日には、新橋～横浜間の新橋・横浜発終列車1往復を廃止して12往復とし、新橋・横浜発終列車は22時10分となった。また、新橋～品川間小運転列車は早朝の1往復を廃止し、9往復となった。

さて、同年9月1日、小運転列車は廃止された。『太政類典』には「新橋品川間鐵道副線ヲ廃ス」と題した、明治10年9月8日付の「工部省届」がある。その文書には、「新橋品川間鐵道副線小運転ノ儀客年十二月一日開業以来乗客漸次減少損益不相償将来共乗客増加得益ノ見込無之ニ付本月一日ヨリ右副線運転ノ儀ハ相廃止申候此段御届申進候也　九月八日工部」とある。じつは、西南戦争の兵員輸送のためにたびたびこの列車の運転を休止したため、乗客が激減し、損益が合わなくなったので廃止する、ということである。

結局、この運転は9カ月でなくなってしまった。その意味で、この時刻表は貴重である。

明治10年以降の時刻改正——運転本数の変化——

明治10年（1877）1月1日には新橋〜横浜間が12往復となったことはすでに書いた。しかしながら、翌11年（1878）にはどのような時刻改正があったのか、残念ながら不明である。おそらく、時刻改正があったものと考えられる。

明治12年（1879）以降は、次のように本数が変遷している。

・明治12年1月……12往復
・明治12年3月……13往復
・明治12年11月……11往復
・明治13年4月……13往復

・明治13年11月……11往復
・明治14年４月……13往復

なお、所要時間は明治12年１月の時刻改正で55分となっており、速度は向上している。

明治13年（１８８０）４月の時刻改正では、再び終列車が快速運転化されている。新橋・横浜発22時40分の列車がそれで、大森と鶴見を通過し、終着は23時31分、所要時間は51分であった。この列車は11月には廃止され、翌年４月に復活している。

明治14年（１８８１）５月７日、新橋〜横浜間全線の複線化が完成した。しかし、このあとの大規模な時刻改正は翌年まで待つこととなる。

明治15年（１８８２）３月16日の時刻表は【表12】のとおりである。新橋〜横浜間は14往復となり、３往復が快速運転されている。そのうちの２往復は列車種別を「急行」とされて、新橋発９時０分・16時30分、横浜発９時30分・16時30分であった。大森、川崎、鶴見を通過して品川と神奈川のみに停車し、所要時間45分（表定速度時速38・７キロ）で突っ走っていた。

以降、次のように本数が変遷した。

・明治15年11月……13往復
・明治16年3月……15往復
・明治16年11月……13往復

このように、明治19年（1886）まで春が15往復、秋が13往復の時刻改正が続く。主として季節を考慮したもので、春は始発列車が早く、終列車は遅くなることで、こうした本数の差が生じているのである。

明治20年（1887）7月11日に横浜〜国府津間が開業し、新橋〜横浜間の時代は終わる。そ

1900	2015	2130	2240
1909	2024	2139	2249
1918	2033	2148	レ
1930	2045	2200	2303
1938	2053	2208	レ
1950	2105	2220	2326
1955	2110	2225	2331

1900	2015	2130	2240
1906	2021	2136	2246
1917	2032	2147	レ
1925	2040	2155	2303
1938	2053	2208	レ
1946	2101	2216	2322
1955	2110	2225	2331

1800	1915	2030	2145	2300
1809	1924	2039	2154	2309
1818	1933	2048	2203	レ
1830	1945	2100	2215	2328
1838	1953	2108	2223	レ
1850	2005	2120	2235	2346
1855	2010	2125	2240	2351

1800	1915	2030	2145	2300
1806	1921	2036	2151	2306
1817	1932	2047	2202	レ
1825	1940	2055	2210	2323
1838	1953	2108	2223	レ
1846	2001	2116	2231	2342
1855	2010	2125	2240	2351

【表12】明治15年３月16日／昼行 大森・川崎・鶴見通過の急行列車新設

●下り

新　橋発	700	815	900	1015	1130	1245	1400	1515	1630	1745
品　川発	709	824	909	1024	1139	1254	1409	1524	1639	1754
大　森発	718	833	レ	1033	1148	1303	1418	1533	レ	1803
川　崎発	730	845	レ	1045	1200	1315	1430	1545	レ	1815
鶴　見発	738	853	レ	1053	1208	1323	1438	1553	レ	1823
神奈川発	750	905	939	1105	1220	1335	1450	1605	1709	1835
横　浜着↓	755	910	945	1110	1225	1340	1455	1610	1715	1840
			（急行）						（急行）	

●上り

横　浜発	700	815	930	1015	1130	1245	1400	1515	1630	1745
神奈川発	706	821	936	1021	1136	1251	1406	1521	1636	1751
鶴　見発	717	832	レ	1032	1147	1302	1417	1532	レ	1802
川　崎発	725	840	レ	1040	1155	1310	1425	1540	レ	1810
大　森発	738	853	レ	1053	1208	1313	1438	1553	レ	1823
品　川発	746	901	1006	1101	1216	1331	1446	1601	1706	1831
新　橋着↓	755	910	1015	1110	1225	1340	1455	1610	1715	1840
			（急行）						（急行）	

【表13】明治20年３月16日／新橋～横浜間 最後の時刻表

●下り

新　橋発	645	800	915	945	1100	1215	1330	1445	1600	1645
品　川発	654	809	924	954	1109	1224	1339	1454	1609	1654
大　森発	703	818	レ	1003	1118	1233	1348	1503	1618	レ
川　崎発	715	830	レ	1015	1130	1245	1400	1515	1630	レ
鶴　見発	723	838	レ	1023	1138	1253	1408	1523	1638	レ
神奈川発	735	850	955	1035	1150	1305	1420	1535	1650	1725
横　浜着↓	740	855	1000	1040	1155	1310	1425	1540	1655	1730
			（急行）							（急行）

●上り

横　浜発	645	800	850	945	1100	1215	1330	1445	1600	1645
神奈川発	651	806	856	951	1106	1221	1336	1451	1606	1651
鶴　見発	702	817	レ	1002	1117	1232	1347	1502	1617	レ
川　崎発	710	825	レ	1010	1125	1240	1355	1510	1625	レ
大　森発	723	838	レ	1023	1138	1253	1408	1523	1638	レ
品　川発	731	846	926	1031	1146	1301	1416	1531	1646	1721
新　橋着↓	740	855	935	1040	1155	1310	1425	1540	1655	1730
			（急行）							（急行）

の最後の姿と思われる、明治20年（１８８７）３月16日改正の時刻表を【表13】に掲げた。ご覧あれ、新橋～横浜間15往復のうち快速列車が３往復ある。また、昼間の「急行」は品川、神奈川のみ停車で所要時間は45分、最終の快速列車は品川、川崎、神奈川停車で51分であった。各駅列車の所要時間は55分で、開業時より２分遅くなっている。

列車はどのような車両で運行されていたか

鉄道の創設期、これらの時刻表に記された列車は、どのような車両で運行されていたのだろうか。資料に則してまとめてみたい。

開業時に新橋～横浜間に使用されたのは、蒸気機関車10両である。すべてイギリス製四輪連結タンク機関車であった。タンク機関車とは「水、石炭を機関車本体に積載する形の機関車」である。形式は次のとおりであるが、先輪・動輪・従輪の軸数を示しており１Ｂとは先輪１軸、動輪２軸（Ｂと表示する）を示している。

▼１５０形式　１両　１号機関車　　１Ｂタンク機関車（ヴァルカン・ファンドリー社製）

▼160形式　4両　2～5号機関車　1Bタンク機関車（シャープ・スチュアート社製）
▼A3形式　2両　6・7号機関車　1Bタンク機関車（エボンサイド・エンジン社製）
▼190形式　2両　8・9号機関車　1Bタンク機関車（ダブス社製）
▼110形式　1両　10号機関車　1Bタンク機関車（ヨークシャー・エンジン社製）

これらの蒸気機関車は短期間に製造する必要があったのか、もしくは比較のためか、イギリスの5社によって製造され、車種も右記のとおり5種類であった。おそらく、短距離の路線であることからタンク機関車に決定したものと考えられる。明治8年（1875）には、使用成績のよかった機関車2両（160形式）が増備されている。

初めの10両のうち1・8・9・10号機関車の4両は、性能不適・整備不調のために旅客列車の定期運用ができなかったので、結局、常時運用していたのは残り6両、2・3・4・5・6・7号機関車だけであった。

これらのうち、現在保存されているのは、「1号機関車」（のちの150形式）と「10号機関車」（のちの110形式）の2両で、いずれも鉄道記念物となっている。「1号機関車」は明治4年（1871）に導入されたヴァルカン・ファンドリー社製で、明治5年（1872）以来8年間

島原鉄道から国鉄に返還され、神田須田町の「交通博物館」に展示されていた当時の１号機関車（鉄道記念物）

新橋～横浜間で活躍し、その後、明治44年（1911）まで主に関東地区で運用された後、島原鉄道に払い下げられた。昭和33年（1958）に鉄道記念物に指定され、現在さいたま市の鉄道博物館に静態保存されている。

「110形機関車」は明治4年（1871）に導入されたヨークシャー・エンジン社製で、当初は新橋～横浜間で運用され、その後大正7年（1918）まで各地で運用された。昭和36年（1961）に鉄道記念物に指定され、現在、青梅市の青梅鉄道公園内に静態保存されている。

これらの機関車の牽引力はいずれも16両（明治８年輸入の機関車は18両）であった。

同様に、開業時の客車や貨車もイギリスから輸入されたものであった。客車の両数は、上等車10両、中等車40両、荷物緩急車《かんきゅう》８両の合計58両である。中等車40両のうち26両が下等車に改造された。貨車は有蓋車《ゆうがい》、無蓋車《むがい》ともに75両であった。

この時期の客車の車体は木製であり、台枠には鋼材と木材が併用されている。走行部分は鋼材が使用されていたようであるが、車輪のスポーク部分に木材を使用したものもあったといわれている。客車は区分室式のものが多く、照明は油燈のものであった。便所施設は所要時間が短いこともあって設備されていなかった。したがって、用は乗車前に済ますことが肝要であった。しかし、生理現象には勝てず、仕方なく事に及ぶことも……。実際、走る汽車の窓から小用をして罰金を取られた人もいるのである。

時は明治６年（１８７３）４月15日、開業後半年にならんとする頃である。この乗客は増沢政吉という渡世人で、当日横浜まで商用で行くために新橋駅へやってきた。そこで15時０分発の列車に乗り込むが、乗車前に用を足せないままに乗車したため、尿意に耐えられなくなってしまう。やむを得ず客車の窓から小用をしたところ、鉄道寮官員に咎《とが》められ、東京裁判所へ起訴された。

その結果、「鉄道犯罪罰例に依り、贖金（罰金）拾円申付る」との判決が出された。巡査の初任給4円、日本酒上等酒ノ升が4銭、白米10キログラムあたり36銭、乾海苔1帖10銭、ラムネ1本20銭という時代である。たとえば、日本酒上等酒にあたる現在の大吟醸酒が仮に3000円だとすれば、物価は7万5000倍となり、当時の10円は、75万円というかなりの高額となる計算だ。設備がなかったばかりに大金を取られた増沢政吉氏には気の毒な結末であった。ちなみに、関東で鉄道車両に便所がついたのは明治20年（1887）頃といわれている。

当時の列車は、これらマッチ箱のような客車を上等車1両、中等車2両、下等車5両の8両で編成されていた。定員は上等車18人、中等車22人、下等車30～36人で、1編成で212～242人となる。こうした編成を蒸気機関車で牽引していたのである。

第2章

関西にも鉄道が創業する（神戸～大阪～京都～大津間、長浜～敦賀間）

大阪～神戸間の開業――8往復の列車が走る――

鉄道の創業は「汽笛一声新橋を……」というように新橋～横浜間だけが目立っていて、一般的に関西方面の鉄道は目立たない歴史となっている。しかし、結論からいえば、関西における鉄道の創業は早かった。

明治5年（1872）調べの大阪府（史料では大坂となっている）の人口は53万885人、兵庫県の人口は19万8559人、京都府は56万7334人で、この3府県を合計すれば129万6778人。東京府と神奈川県の合計を上回るほどの人口であった。

阪神間の鉄道については明治政府も当初より、京浜間の鉄道とともに建設を予定していた。明治3年（1870）には、早くも鉄道掛出張所が設置されている。神戸側は元イギリス領事館に設けて、それぞれの建設現場を管理していた。

同年旧暦7月30日には、大阪～神戸間の測量に着手している。この区間にはわが国最初の鉄道トンネルとなる、天井川を抜けるための「石屋川トンネル」が掘られ、淀川、神崎川、武庫川には最初の鉄橋を架けることとなった。神戸駅を福原、大阪駅を堂島に決定し、石屋川トンネルは旧暦閏《うるう》10月24日に掘削を開始、十三川《じゅうそう》（旧淀川下流の中津川の別称）、神崎川、武庫川鉄橋は11

【表14】明治７年５月11日／大阪～神戸間開業

●下り

大　阪発	700	830	1000	1130	1300	1430	1600	1730
西ノ宮発	731	901	1031	1201	1331	1501	1631	1801
三ノ宮発	805	935	1105	1235	1405	1535	1705	1835
神　戸着↓	810	940	1110	1240	1410	1540	1710	1840

●上り

神　戸発	655	825	955	1125	1255	1425	1555	1725
三ノ宮発	700	830	1000	1130	1300	1430	1600	1730
西ノ宮発	735	905	1035	1205	1335	1505	1635	1805
大　阪着↓	805	935	1105	1235	1405	1535	1705	1835

月に架設に着手している。

明治7年（1874）5月11日、大阪～神戸間20マイル27チェーン（約32・7キロ）が開業した。途中には西ノ宮（仮駅、現・西宮）、三ノ宮が開設された。品川～横浜間が仮開業してから約2年、早くも関西に鉄道が開業したのである。

開業時の時刻表は【表14】のとおりである。開業時は大阪発7時0分から17時30分、神戸発は6時55分から17時25分の1時間30分間隔の8往復である。大阪～神戸間の所要時間は1時間10分で、表定速度は時速28キロであった。

開業時の運賃は、新橋～横浜間が区間制を採用したのに対して、距離比例制が採用され、1マイルあたり上等5銭、中等3銭5厘、下等2銭と決められた。その結果、大阪～神戸間の運賃は、上等が1円、中等が70銭、下等が40銭となった。

翌6月1日、大阪～西ノ宮間に神崎駅（現・尼崎駅）、西ノ宮～三ノ宮間に住吉駅が開設された。大阪～神崎間の所要

【表15】明治8年5月1日／大阪～神戸間 10往復となる時刻改正

●下り

大　阪発	700	830	1000	1130	1300	1430	1600	1730	1900	2200
神　崎発	714	844	1014	1144	1314	1444	1614	1744	1914	2214
西ノ宮発	731	901	1031	1201	1331	1501	1631	1801	1931	2231
住　吉発	750	920	1050	1220	1350	1520	1650	1820	1950	2250
三ノ宮発	805	935	1105	1235	1404	1535	1705	1835	2005	2305
神　戸着↓	810	940	1110	1240	1410	1540	1710	1840	2010	2310
									（新設）	（新設）

●上り

神　戸発	655	825	955	1125	1255	1425	1555	1725	1855	2155
三ノ宮発	700	830	1000	1130	1300	1430	1600	1730	1900	2200
住　吉発	718	848	1018	1148	1318	1448	1618	1748	1918	2218
西ノ宮発	735	905	1035	1205	1335	1505	1635	1805	1935	2235
神　崎発	751	921	1051	1221	1351	1521	1651	1821	1951	2251
大　阪着↓	805	935	1105	1235	1405	1535	1705	1835	2005	2305
									（新設）	（新設）

時間は14分、住吉～三ノ宮間は下り15分、上り18分であった。大阪～神戸間は1時間10分で変わりがなかった。

　この線区の最初の時刻改正は『日本国有鉄道百年史』第1巻645ページでは、明治8年（1875）4月1日に実施されて、2往復が増発され1日10往復となっている。しかし、別の資料では8往復のままである。実際の時刻改正は、大阪～安治川間が開業した5月1日ではないかと思われる。それは『太政類典』には「大阪鉄道寮通達」として、神戸～大阪間の5月1日改正の時刻表が掲載されているからである。この時刻表が【表15】で、10往復となっている。大阪発は7時0分から19時0分まで1時間30分間隔で運転され、終列車は22時0分発。神戸

【表16】明治８年５月１日／大阪～安治川間開業

●下り

大　阪発	820	950	1120	1250	1420	1550	1720	1850	2020
安治川着↓	830	1000	1130	1300	1430	1600	1730	1900	2030

●上り

安治川発	645	805	935	1105	1235	1405	1535	1705	1835
大　阪着↓	655	815	945	1115	1245	1415	1545	1715	1845

発は６時55分から18時55分まで１時間30分間隔で運転され、終列車は21時55分である。興味深いのは終列車で、神戸着は23時10分、大阪着は23時５分となっている。このような時間帯を走る列車の需要は、どのような人々にあったのであろうか。

この時開業した大阪～安治川間は、大阪停車場の位置が堂島河畔から梅田に移ったため、安治川への連絡線として安治川支線が計画された。この支線は曽根崎川に並行して上福島村、野田村、下福島村を経て安治川北岸に達する１マイル60チェーン（約２・８キロ）の路線である。主として貨物運送が目的であったが、５月１日の開業時には【表16】にあるように、１日９往復の旅客列車を運転している。所要時間は10分であった。この線区は明治10年（１８７７）12月１日に早くも廃線となっていて現存しない。線路に並行して流れていた曽根崎川の開鑿《かいさく》のためと考えられる。

この年の秋、明治８年11月１日の時刻改正では、日が短くなったこと寒冷のために、大阪発22時０分、神戸発21時55分の最終列車１往

【表17】明治９年７月26日／大阪～神戸間 時刻改正

1000	1130	1300	1430	1600	1730	1900	2030	2200
1014	1144	1314	1444	1614	1744	1914	2044	2214
1031	1201	1331	1501	1631	1801	1931	2101	2231
1050	1220	1350	1520	1650	1820	1950	2120	2250
1105	1225	1405	1525	1705	1825	2005	2125	2305
1110	1240	1410	1530	1710	1830	2010	2140	2310

955	1125	1255	1425	1555	1725	1855	2025	2155
1000	1130	1300	1430	1600	1730	1900	2030	2200
1018	1148	1318	1448	1618	1748	1918	2048	2218
1035	1205	1335	1505	1635	1805	1935	2105	2235
1051	1221	1351	1521	1651	1821	1951	2121	2251
1105	1235	1405	1535	1705	1835	2005	2135	2305

復が廃止され、最終列車は大阪発20時30分、神戸発20時25分に改められている。

明治９年（１８７６）７月26日には【表17】のように時刻改正が実施された。大阪～神戸間は11往復となっている。

大阪～向日町間の開業
――大阪から京都へ向かう――

大阪～神戸間に続いて、線路は大阪から京都に向かって建設された。

旧暦明治４年（１８７１）４月には京都に鉄道掛出張所を設け、イギリス人技師・ブランドルらによる京都～大阪間の測量が行なわれた。

しかしながら、京阪間の鉄道敷設は資金難で

●下り

大　阪発	700	830
神　崎発	714	844
西ノ宮発	731	901
住　吉発	750	920
三ノ宮発	805	925
神　戸着	810	940

●上り

神　戸発	655	825
三ノ宮発	700	830
住　吉発	718	848
西ノ宮発	735	905
神　崎発	751	931
大　阪着	805	935

困難を極めた。政府は英国債を起債して、京阪間、阪神間の鉄道建設を進めたが、双方の建設費は合計７０３万８０００円に達し、起債実費に対して約２５０万円を超過していた。

この結果を受けて、政府は民間資金によって建設を進めようと考える。旧暦明治4年4月に京阪間の測量が通達されると、のちに第二代京都府知事になる槇村正直が京都の豪商・三井八郎右衛門らに声をかけた。三井らは資金調達のために会社設立を企て、同年9月5日には太政官に認可されている。同社は「鉄道会社」として、関西鉄道会社とか西京鉄道会社と呼ばれていた。

建設資金は1里につき7万円として、70万円の資金調達をする予定であったが、政府が旧暦明治5年（１８７２）1月23日に提出した鉄道建設予定見積は１４０万円であった。会社が予定した額の倍であり、時代は不況だったこともあって、会社は解散を余儀なくされることになる。翌明治6年（１８７３）12月、政府は会社の解散を命じ、京阪間の鉄道は結局、政府の資金によって建設されることとなったのである。

鉄道建設工事は、明治6年（1873）12月26日に着手された。主要工事は十三川、神崎川、桂川の3つの橋梁であった。

明治9年（1876）7月26日、大阪〜向日町《むこうまち》間22マイル57チェーン（約36・6キロ）が開業した。中間駅は高槻であった。時刻表は【表18】のとおりである。向日町発は9時41分・12時41分・15時41分・18時41分、大阪発は8時10分・11時10分・14時10分・17時10分の1日4往復。所要時間は1時間24分、表定速度は時速26・1キロであった。

向日町駅は、現在は京都から大阪に向かって3つめの駅である。この駅が一時的とはいえ終着駅となったのは、桂川橋梁の完成が遅れていたからだと考えられる。

向日町は、じつは筆者が育った町である。当時は京都府乙訓《おとくに》郡向日町であり、現在は京都府向日市となっている。向日町は昭和36年（1961）10月の全国ダイヤ改正で特急列車の基地となり、レイルフ

【表18】明治9年7月26日／大阪〜向日町間開業

●下り

向日町発	941	1241	1541	1841
高　槻発	1024	1324	1624	1924
大　阪着	1105	1405	1705	2005

●上り

大　阪発	810	1110	1410	1710
高　槻発	854	1154	1454	1754
向日町着	934	1234	1534	1834

【表19】明治9年8月9日／大阪〜向日町間 時刻改正

●下り

向日町 発	811	1111	1711	2011
山　崎 発	828	1128	1728	2028
高　槻 発	848	1148	1748	2048
茨　木 発	903	1203	1803	2103
吹　田 発	919	1219	1819	2119
大　阪 着↓	935	1235	1835	2135

●上り

大　阪 発	640	940	1540	1840
吹　田 発	657	957	1557	1857
茨　木 発	713	1013	1613	1913
高　槻 発	730	1030	1630	1930
山　崎 発	748	1048	1648	1948
向日町 着↓	804	1104	1704	2004

ァンであれば誰にでも知られている向日町運転所で有名となった。その向日町運転所は現在、吹田総合車両所京都支所と改称されている。向日町の名前が消えてしまったのは寂しい限りだ。

筆者は高校生の3年間、この向日町駅から隣の神足《こうたり》駅まで通学していた。神足駅は、現在では長岡京駅と、所在する市の名前と同じ駅名に改称されている。向日町駅は明治1桁の時代に開設された由緒ある駅名なので、「向日市駅」などに改称しないでほしいものだと筆者は強く願っている。

明治9年8月9日には吹田、茨木、山崎の3駅が新設され、同時に時刻改正されて【表19】のようになった。この時刻改正では、新設駅も含めて各駅に停車したが、所要時間は1時間24分のままであった。

大宮通仮駅〜大阪間の開業——京阪間が鉄道で結ばれる——

【表20】明治９年９月５日／大宮通〜大阪間 時刻改正

●下り

大宮通仮発	640	940	1240	1540	1840	2040
向日町発	655	955	1255	1555	1855	2055
山　崎発	713	1013	1313	1613	1913	2113
高　槻発	733	1033	1333	1633	1933	2133
茨　木発	748	1048	1348	1648	1948	2148
吹　田発	805	1105	1405	1705	2005	2205
大　阪着↓	823	1123	1423	1723	2023	2223

●上り

大　阪発	640	940	1240	1540	1840	2040
吹　田発	658	958	1258	1558	1858	2058
茨　木発	715	1015	1315	1615	1915	2115
高　槻発	732	1032	1332	1632	1932	2132
山　崎発	750	1050	1350	1650	1950	2150
向日町着	808	1108	1408	1708	2008	2208
大宮通仮着↓	823	1123	1423	1723	2023	2223

明治9年（1876）9月5日、大宮通仮駅〜向日町間3マイル47チェーン（約5・8キロ）が開業した。列車は、大阪〜大宮通間1往復、神戸〜大宮通間直通5往復で、合計6往復。大阪〜大宮通間の所要時間は下り・上りとも1時間43分である。大阪発、大宮通発は同時発車で、6時40分・9時40分・12時40分・15時40分・18時40分・20時40分の6往復である。同時に発車した列車は、高槻で交換していた。ただし、どの列車が神戸発着かは不明である。

大宮通〜大阪間の時刻表は【表20】のようになった。

翌明治10年（1877）2月5日には、大宮通～京都間40チェーン（約０・８キロ）が開通。ここに神戸・大阪・京都の三都を結ぶ鉄道が開通したのである。

同日、明治天皇をお迎えして鉄道開業式が挙行された。明治天皇は開業前の京都停車場から大阪、神戸の両駅に行幸され、そののち京都停車場に帰還された。天皇は午前８時40分に京都御所を出門、京都停車場から列車にご乗車され、午前10時30分に大阪到着、12時15分に神戸到着、14時０分に神戸をご出立、16時30分に京都にご帰還と記録されている。京都～神戸間にお召列車が１往復したことになる。

京都帰還後に勅語を賜った。それは、「西京神戸間ノ鐵道工竣ルヲ告ク朕親臨シテ開業ノ典ヲ行フ汝百官拮据経営此工事ヲ完成シ衆庶ト與ニ慶祝スル事ヲ得ル朕深ク之ヲ嘉尚ス」である。文中、「親臨」は「しんりん」と読み「天子がみずからその場におでましになること」の意、「拮据」は「きっきょ」と読み「苦しいところを我慢して、よくつとめること」の意、「嘉尚」は「かしょう」と読み「よしとして尊ぶ、賛美する」という意味である。したがって内容は、「西京～神戸間の鉄道が竣工し、私はみずからこの場に赴いて開業の式典を行なう。関係者らは苦しいところを我慢して建設を進め、その工事を完成し、大衆とともに喜び祝えるようになった。私は深くこれを賛美する」となる。

【表21】明治10年２月６日／京都停車場開業

●下り

京　都発	640	940	1240	1540	1840	2040
向日町発	655	955	1255	1555	1855	2055
山　崎発	713	1013	1313	1613	1913	2113
高　槻発	733	1033	1333	1633	1933	2133
茨　木発	748	1048	1348	1648	1948	2148
吹　田発	805	1105	1405	1705	2005	2205
大　阪着↓	823	1123	1423	1723	2023	2223

●上り

大　阪発	640	940	1240	1540	1840	2040
吹　田発	658	958	1258	1558	1858	2058
茨　木発	715	1015	1315	1615	1915	2115
高　槻発	732	1032	1332	1632	1932	2132
山　崎発	750	1050	1350	1650	1950	2150
向日町発	808	1108	1408	1708	2008	2208
京　都着↓	823	1123	1423	1723	2023	2223

この開業式には、皇族、内閣顧問、宮内卿、大臣、参議、勅任官、奏任官、外国公使、領事、建設関係者等が列席した。その式典が終了したあとは京都、大阪、神戸で、京浜間の鉄道開業式に劣らぬ盛大な種々の行事が開催された。

翌2月6日には京都停車場を開業し、京都〜大阪間26マイル64チェーン（約43・1キロ）の運転が開始された。京都〜大阪間の時刻表は【表21】のとおりである。京都発、大阪発ともに6時40分・9時40分・12時40分・15時40分・18時40分・20時40分で、高槻で交換していた。1日6往復、所要時間は1時間43分、表定速度は時速25・1キロであった。

運賃は、京都〜大阪間は上等1円35銭・中等81銭・下等40銭で、京都〜高槻間は上等70銭・中等42銭・下等21銭であった。

現在では新幹線は京都〜新大阪間を最速13分で突っ走る。在来線では新快速で最速28分である。各駅間を見ても上りは京都〜向日町間15分、向日町〜山崎間18分、山崎〜高槻間20分、高槻〜茨木間15分、茨木〜吹田間17分、吹田〜大阪間18分で1時間43分を要していた。それが現在では京都〜向日町間8分、向日町〜山崎間7分、山崎〜高槻間8分、高槻〜茨木間6分、茨木〜吹田間8分、吹田〜大阪間9分で所要時間は46分であり、この１３９年の鉄道技術は所要時間を半分以下にしてしまったのである。

京阪神間の時刻改正——こまめな時刻改正——

明治10年（１８７７）2月6日以降は、京阪神間が鉄道で結ばれたわけである。関西でもこまめに時刻改正を繰り返しており、その様子は京浜間の鉄道と変わりない。

同年3月12日には早くも時刻改正が実施され、京都〜大阪間は4往復を増発して10往復に、大阪〜神戸間は11往復となった。このうち京都〜神戸間を直行する列車は、上り列車が4本で、所要時間は2時間58分、下り列車は5本で、所要時間は3時間であった。現在では新快速電車が、京都〜神戸間を上り３４０４Ｍでは55分で走破している。

【表22】明治10年３月12日／京都～神戸間 時刻改正

940	1055	・・	1240	1355	・・	1540	1655	・・	1840	・・	2040
1033	1136	・・	1333	1436	・・	1633	1736	・・	1933	・・	2133
1123	1220	・・	1423	1520	・・	1723	1820	・・	2023	・・	2223
1130	・・	1300	1430	・・	1600	1730	・・	1901	2030	2200	・・
1201	・・	1331	1501	・・	1631	1801	・・	1931	2101	2231	・・
1240	・・	1410	1540	・・	1710	1840	・・	2010	2140	2310	・・

825	955	1125	1255	・・	1425	・・	1555	1725	1855	・・	2025	2155
904	1034	1204	1334	・・	1504	・・	1634	1804	1934	・・	2104	2234
933	1103	1233	1403	・・	1533	・・	1703	1833	2003	・・	2133	2303
940	・・	1240	・・	1350	1540	1650	・・	1840	・・	2040	・・	・・
1032	・・	1332	・・	1435	1632	1735	・・	1932	・・	2132	・・	・・
1123	・・	1423	・・	1515	1723	1815	・・	2023	・・	2223	・・	・・

【表23】明治10年12月１日／京都～神戸間 時刻改正

940	・・	1240	・・	1540	1655	・・	1840	・・	2040
1033	・・	1333	・・	1633	1736	・・	1933	・・	2133
1123	・・	1423	・・	1723	1820	・・	2023	・・	2223
1130	1300	1430	1600	1730	・・	1900	2030	2200	・・
1201	1331	1501	1631	1801	・・	1931	2101	2231	・・
1240	1410	1540	1710	1840	・・	2010	2140	2310	・・

1125	1255	1425	1555	・・	1725	1855	・・	2055
1204	1334	1504	1634	・・	1804	1934	・・	2134
1233	1403	1533	1703	・・	1833	2003	・・	2203
1240	・・	1540	・・	1650	1840	・・	2040	・・
1332	・・	1632	・・	1735	1932	・・	2132	・・
1423	・・	1723	・・	1815	2023	・・	2223	・・

また、京都発7時55分・10時55分・13時55分・16時55分、大阪発7時50分・10時50分・13時50分・16時50分は京都〜大阪間で高槻のみ停車とし、所要時間は1時間25分の快速運転となっている。その時の時刻表が【表22】である。

同年5月23日の時刻改正では、列車本数には増減はなかったが、上り始発列車の神戸発車時刻を15分繰り上げて神戸発6時40分、西ノ宮発7時19分、大阪着7時47分となった。また、終列車は30分繰り下げて神戸発22時25分、西ノ宮23時4分、大阪着23時33分となった。下り始発は15分繰り上がり大阪発6時45分、西ノ宮発7時16分、神戸着7時55分とした。京都発20時40分は神戸

●下り

京都	発	‥	640	755	‥
高槻	発	‥	733	836	‥
大阪	着	‥	823	920	‥
	発	700	830	‥	1000
西ノ宮	発	731	901	‥	1031
神戸	着↓	810	940	‥	1110

●上り

神戸	発	‥	‥	655	‥
西ノ宮	発	‥	‥	734	‥
大阪	着	‥	‥	803	‥
	発	640	750	‥	1050
高槻	発	732	835	‥	1135
京都	着↓	823	915	‥	1215

●下り

京都	発	‥	640	755	‥
高槻	発	‥	733	836	‥
大阪	着	‥	823	920	‥
	発	645	830	‥	1000
西ノ宮	発	718	901	‥	1031
神戸	着↓	755	940	‥	1110

●上り

神戸	発	‥	640	825	955
西ノ宮	発	‥	719	904	1034
大阪	着	‥	747	933	1103
	発	640	750	940	‥
高槻	発	732	835	1032	‥
京都	着↓	823	915	1123	‥

までの直通運転となり、大阪発22時30分、西ノ宮発23時1分、神戸着23時40分とし、改正前最終列車だった大阪発22時0分、西ノ宮発22時31分、神戸着23時10分は廃止された。この結果、京都～神戸間の列車は5往復となった。

続く12月1日の時刻改正では、京都～大阪間は下り京都発10時55分、13時55分、上り大阪発10時50分、13時50分の快速列車が廃止され8往復に減少している。同時に、神戸～京都間の上り列車を大阪～京都間は高槻のみの停車とし、所要時間が2時間35分に短縮された。神戸発6時40分、京都着9時15分の列車である。

さらに、大阪～神戸間では最終列車の下り京都発20時40分神戸行が大阪行に変更され、上りは神戸発20時25分、22時25分の大阪行を廃止し、神戸発20時55分の大阪行を最終列車とした。その結果、【表23】のようになった。

翌明治11年（1878）5月1日の時刻改正では、京都～大阪間は10往復、大阪～神戸間は11

1840	2040
1855	2055
1913	2113
1933	2133
1948	2148
2005	2205
2023	2223
2030	2230
2044	2244
2101	2301
2120	2320
2135	2335
2140	2340

1855	2025	2225
1901	2031	2231
1917	2047	2247
1934	2104	2304
1950	2120	2320
2003	2133	2333
2040	‥	‥
2058	‥	‥
2115	‥	‥
2132	‥	‥
2150	‥	‥
2208	‥	‥
2223	‥	‥

【表24】明治11年５月１日／京都〜神戸間 時刻改正

●下り

京　都発	・・	640	755	940	1055	1240	1355	1540	1655
向日町発	・・	655	807	955	1107	1255	1407	1555	1707
山　崎発	・・	713	821	1013	1121	1313	1421	1613	1721
高　槻発	・・	733	836	1033	1136	1333	1436	1633	1736
茨　木発	・・	748	レ	1048	レ	1348	レ	1648	レ
吹　田発	・・	805	904	1105	1204	1405	1504	1705	1804
大　阪着	・・	823	920	1123	1220	1423	1520	1723	1820
大　阪発	645	830	1000	1130	1300	1430	1600	1730	1900
神　崎発	659	844	1014	1144	1314	1444	1614	1744	1914
西ノ宮発	716	901	1031	1201	1331	1501	1631	1801	1931
住　吉発	735	920	1050	1220	1350	1520	1650	1820	1950
三ノ宮発	750	935	1105	1235	1405	1535	1705	1835	2005
神　戸着↓	755	940	1110	1240	1410	1540	1710	1840	2010

●上り

神　戸発	・・	640	825	955	1125	1255	1425	1555	1725
三ノ宮発	・・	646	831	1001	1131	1301	1431	1601	1731
住　吉発	・・	702	847	1017	1147	1317	1447	1617	1747
西ノ宮発	・・	719	904	1034	1204	1334	1504	1634	1804
神　崎発	・・	735	920	1050	1220	1350	1520	1650	1820
大　阪着	・・	747	933	1103	1233	1403	1533	1703	1833
大　阪発	640	750	940	1050	1240	1350	1540	1650	1840
吹　田発	658	806	958	1106	1258	1406	1558	1706	1858
茨　木発	715	レ	1015	レ	1315	レ	1615	レ	1915
高　槻発	732	835	1032	1135	1332	1435	1632	1735	1932
山　崎発	750	850	1050	1150	1350	1450	1650	1750	1950
向日町発	803	904	1108	1204	1408	1504	1708	1804	2008
京　都着↓	823	915	1123	1215	1423	1515	1723	1815	2023

往復となる。この時刻表は【表24】のとおりである。

京都～大阪間の所要時間は下り・上りとも1時間43分、茨木のみを通過する4往復では1時間25分で、18分速くなっている。大阪～神戸間は下り1時間10分、上り1時間7～10分であった。大阪の発着時間から見て、京都～神戸間を直通していたと思われる列車は、京都発神戸行は6本で、所要時間は3時間、神戸発京都行は5本、うち1本は茨木通過で2時間35分であり、その他は2時間58分である。

明治12年（1879）4月16日に時刻改正を実施し、京都～大阪間、大阪～神戸間はともに11往復となり、【表25】のように改正された。

・・	1810	1923	・・	2110
・・	1825	1937	・・	2125
・・	1843	1952	・・	2143
・・	1903	2009	・・	2203
・・	1918	2024	・・	2218
・・	1938	2041	・・	2238
・・	1955	2059	・・	2255
1825	2000	・・	2130	・・
1839	2014	・・	2144	・・
1856	2031	・・	2201	・・
1915	2050	・・	2220	・・
1930	2105	・・	2235	・・
1935	2110	・・	2240	・・

京都発7時25分・10時25分・13時25分・16時25分は山崎、茨木が通過となっている。逆に神戸発9時20分・12時20分・15時20分・18時20分は神崎、茨木が通過となっており、神戸～京都間2時間33分、各駅に停車する列車は2時間58分であった。さらに神戸発6時10分は茨木のみ通過で2時間42分であった。

上下で直通列車の本数が下り5本、上り10本とずい

【表25】明治12年4月16日／京都～神戸間 時刻改正

●下り

京都発	・・	610	725	・・	910	1025	・・	1210	1325	・・	1510	1625
向日町発	・・	625	739	・・	925	1039	・・	1225	1339	・・	1525	1639
山崎発	・・	643	レ	・・	943	レ	・・	1243	レ	・・	1543	レ
高槻発	・・	703	807	・・	1003	1107	・・	1303	1407	・・	1603	1707
茨木発	・・	718	レ	・・	1018	レ	・・	1318	レ	・・	1618	レ
吹田発	・・	738	835	・・	1038	1135	・・	1338	1435	・・	1638	1735
大阪着	・・	755	853	・・	1055	1153	・・	1355	1453	・・	1655	1753
大阪発	615	800	・・	925	1100	・・	1225	1400	・・	1525	1700	・・
神崎発	629	814	・・	939	1114	・・	1239	1414	・・	1539	1714	・・
西ノ宮発	646	831	・・	956	1131	・・	1256	1431	・・	1556	1731	・・
住吉発	705	850	・・	1015	1150	・・	1315	1450	・・	1615	1750	・・
三ノ宮発	720	905	・・	1030	1205	・・	1330	1505	・・	1630	1805	・・
神戸着↓	725	910	・・	1035	1210	・・	1335	1510	・・	1635	1810	・・

●上り

神戸発	・・	610	755	920	1055	1220	1355	1520	1655	1820	1955	2125
三ノ宮発	・・	616	801	926	1101	1226	1401	1526	1701	1826	2001	2131
住吉発	・・	632	817	941	1117	1241	1417	1541	1717	1841	2017	2146
西ノ宮発	・・	649	834	956	1134	1256	1434	1556	1734	1856	2034	2203
神崎発	・・	705	850	レ	1150	レ	1450	レ	1750	レ	2050	2219
大阪着	・・	717	903	1020	1203	1320	1503	1620	1803	1920	2103	2232
大阪発	610	723	910	1023	1210	1323	1510	1623	1810	1923	2110	・・
吹田発	628	739	928	1039	1228	1339	1528	1639	1828	1939	2128	・・
茨木発	645	レ	945	レ	1245	レ	1545	レ	1845	レ	2145	・・
高槻発	702	806	1002	1106	1302	1406	1602	1706	1902	2007	2202	・・
山崎発	720	823	1020	1123	1320	1423	1620	1723	1920	2024	2220	・・
向日町発	738	840	1038	1140	1338	1440	1638	1740	1938	2041	2238	・・
京都着↓	753	852	1053	1152	1353	1452	1653	1752	1953	2053	2253	・・

ぶん違っているが、これは大阪駅での停車時間を見て筆者が京都～大阪間と大阪～神戸間で別々の列車と判断しているからである。

明治13年（1880）9月1日の時刻改正では、京都～大阪間、大阪～神戸間はともに11往復のままであり、同時に京都～神戸間直通列車は10往復となった。

ページ運輸長のはなし

時刻表に関わる話として有名なのはイギリス人のお雇い技師、ウォルター・フィンチ・ページ運輸長の話であろう。ページ運輸長は時刻改正があるたびに、いちどに何本もの列車を頭に入れて、細かい時刻表を作らねばならないと、役所の自分の部屋に閉じこもって時刻表を作り、出来たものを日本人に渡していた。その時刻表は何本もの列車がうまくすれ違うし、うまく待ち合わせるというものであった。これを見た日本人は、凄い頭脳であるとページ運輸長を尊敬していた。そんなある日、ページ運輸長が出張した折に彼の引き出しを開けてみると、縦、横、斜めに線を引いた紙が見つかった。そこでようやくダイヤグラムを引いて運転時刻表を作るという謎が解けたという話である。

ページ運輸長は、明治7年（1874）2月17日より運輸長として登用された。以来、明治32年（1899）3月に円満退職するまで、長きにわたって働いた人物である。

ページ運輸長は神戸に勤務し、運輸事務を担当していた。旅客、貨物運輸の設定に功労があり、前記のとおり時刻表の作成にも優れていた。

明治10年（1877）2月の京都~神戸間全通開業式には、お召列車の運転の功績により物品を賞与された。さらに明治20年（１８８７）には、長年にわたる奉職の功により、勲四等旭日小綬章が授与されている。

東海道線が全通した明治22年（１８８９）には東京へ転任し、以降は東海道線全般の運輸事務を取り扱った。その後、明治27年（１８９４）には勲三等瑞宝章を受けている。

ページ運輸長のように、わが国の諸制度の近代化や新しい技術の導入は「お雇い外国人」に負うところが大きかった。政府が雇った外国人の数は、明治８年（１８７５）が最高で５２７人に達していた。

鉄道業務の場合は、主としてイギリス人の指導によって進められた。鉄道の創業とともに「お雇い外国人」は増加し、旧暦明治３年（１８７０）12月には19人だったのが、明治７年12月には１１５人に増加している。そして、明治８年をピークに減少を続け、明治21年（１８８８）３月には14人になっている。鉄道の技術が日本人に受け継がれ、定着していった結果であろう。ともあれ日本の鉄道は、彼ら「お雇い外国人」の活躍で発展を遂げたのである。

どのような車両が活躍していたのか

阪神間の鉄道開通時に配置されていた機関車は、4種類12両であった。京神間は距離が長いため、炭水保有量の多いテンダ機関車がおもに貨物列車用として配置されていた。この点がタンク機関車一辺倒の京浜間と異なっている。テンダ機関車とは「水、石炭を別の車両である炭水車に積載する形の機関車」である。また、配置機関車の番号は、この頃から関東は奇数番号、関西は偶数番号を用いるようになった点も特筆される。車軸配置は先輪・動輪・従輪で示し、動輪は2軸がB、3軸がCである。

▼5000形式　2両　1Bテンダ機関車（シャープ・スチュアート社製）

明治4年（1871）に導入されたこの機関車が、わが国で最初に運用に就いたテンダ機関車である。炭水車は三軸車で炭水保有量は水が5・5立方メートル、石炭1・5トンと、当時のタンク機関車の2倍の容量があった。

▼120形式　4両　1Bタンク機関車（ロバート・スティーブンソン社製）

明治6年（1873）導入。

▼7010形式　　4両　C形テンダ機関車（キットソン社製）
明治6〜7年に貨物列車用として導入された。このうち2両は、京都〜大阪間開通前年にあたる明治9年（1876）に旅客用2B形テンダ機関車（5100形式）に改造された。

明治6年にはバラスト列車用のC形タンク機関車（マニング・ワールド社製）2両も導入され、機関車は12両となった。また、明治7年（1874）12月末現在で、客車は83両、貨車77両であった。車両はすべてイギリスから輸入され、神戸工場で組み立てられた。
京都〜大阪間開通後には、以下がさらに増備された。

▼130・140形式　4両　1Bタンク機関車（シャープ・スチュアート社製）
▼7030形式　　4両　C形テンダ機関車（ヴァルカン・ファンドリー社製）

これで、旅客用、貨物用を合わせ、機関車は20両となった。また、その後、旅客用として2B形テンダ機関車（5130形式、キットソン社製）が6両導入された。

この結果、明治11年（1878）6月末現在、京阪神間の機関車配置両数は26両となった。また、その他の車両も、明治10年（1877）6月末には客車98両、貨車154両に、明治12年（1879）6月末には客車119両、貨車194両へと増加している。

ただし、これらのうちどういうわけか馬輸送車、馬車輸送車なるものは客車に、牛輸送車は貨車に分類されており、非常に興味深い。

京都～大津間の開業――逢坂山隧道を開鑿する――

京都～大津間の鉄道建設は、明治10年2月に発令された。しかし、この月に勃発した西南戦争の影響で鉄道を顧みる余裕がなくなり、工事計画は中止された。9月になって反乱は鎮静化したので、翌明治11年8月に起工している。しかし、山城盆地と近江盆地とを連絡するこの線区は起伏に富む地域を通過するため、難工事となった。

この区間は外国人の手を借りずに、日本人だけで建設した最初の鉄道である。工部省鉄道局は明治10年5月、大阪停車場内に工技生養成所を設けた。開所以来15年間で24人の卒業者を出し、いずれも技術官に任用された。これらの技術官がお雇い外国人に代わって鉄道の技能を担うようになったのである。

この区間は4区画に分けられ、工技生養成所出身の担当者が決められた。京都〜深草（現・奈良線稲荷）間が七等技手・武者満歌《むしゃまんか》、深草〜山科間が七等技手・千島九一《ちしまくいち》、九等技手・長谷川謹介《きんすけ》、山科〜逢坂山《おうさかやま》間が八等技手・国沢能長《よしなが》、九等技手・島田延武《のぶたけ》、逢坂山〜大津間が八等技手・佐武正章《まさあきら》であった。この線区の主要工事は鴨川橋梁と逢坂山隧道の2つであったが、特に注目されるのは逢坂山隧道である。

逢坂山隧道は唯一の大隧道で、当時、隧道工事に最も明るいとされた工事の総監督・飯田俊徳、現場の総監督・国沢能長が担当となった。その延長は３６４間（約６６４・８メートル）で、西側は大谷に始まり、東側は関寺町に及ぶ。工事は、明治11年10月5日に東口から開鑿《かいさく》を開始し、翌々月の12月5日に西口からも着手した。この工事に生野銀山の坑内作業員を招致したが、命知らずの荒くれ者ばかりで統制に手を焼いたというエピソードもある。工事は起工以来20カ月を要し、明治13年（１８８０）6月28日にようやく竣工している。この隧道は、外国人技師や外国人坑内作業員の手を全く借りずに開鑿した最初の隧道といってよい。また、わが国初の隧道である阪神

【表26】明治13年7月15日／大津〜京都間開業

●下り

大津発	615	738	915	1038	1215	1338	1515	1638	1815	1938
石場発	623	746	923	1046	1223	1346	1523	1646	1823	1946
馬場発	630	753	930	1053	1230	1353	1530	1653	1830	1953
大谷発	643	804	943	1104	1243	1404	1543	1704	1843	2004
山科発	656	818	956	1118	1256	1418	1556	1718	1856	2018
稲荷発	711	833	1011	1133	1311	1433	1611	1733	1911	2033
京都着↓	717	840	1017	1140	1317	1440	1617	1740	1917	2040

●上り

京都発	558	755	858	1055	1158	1355	1458	1655	1758	1955
稲荷発	605	802	905	1102	1205	1402	1505	1702	1805	2002
山科発	620	816	920	1116	1220	1416	1520	1716	1820	2016
大谷発	641	837	941	1137	1241	1437	1541	1737	1841	2034
馬場発	651	847	951	1147	1251	1447	1551	1747	1851	2047
石場発	656	853	956	1153	1256	1453	1556	1753	1856	2053
大津着↓	702	859	1002	1159	1302	1459	1602	1759	1902	2059

間の3隧道は天井川と交差する短い河底隧道であったので、山岳を開鑿した隧道としては逢坂山隧道がわが国初となる。この竣工により、京都〜大津間が開通した。

さて、それに先立つ明治12年（1879）8月18日には、京都〜大谷（現・廃止）間の8マイル11チェーン（約13.1キロ）が開業している。この線区は現在の東海道本線と異なっていて、現在の奈良線の稲荷駅に向かい、そこから東向きに進んでいた。この日から1日9往復が運転されている。京都発は6時0分・7時28分・9時0分・10時28分・12時0分・13時28分・15時0分・16時28分・18時0分、大谷発は6時46分・8時20分・9時46分・11時20分・12時46分・14時20分・15時46分・17時20分・18時46分である。

旧逢坂山隧道東口

所要時間は41分、表定速度は時速19・2キロであった。この線区には10月から貨物列車も設定されている。

明治13年（１８８０）6月28日には逢坂山隧道が完成し、7月15日に京都～大津（現・京阪電気鉄道浜大津）間11マイル26チェーン（約18・2キロ）が開業した。前日の7月14日には、同区間の鉄道開業式が挙行されている。

列車は1日10往復が運転された。中間停車場は稲荷（現・奈良線）、山科（現在の山科とは別の場所）、大谷、馬場（現・膳所《ぜぜ》）、石場（現在の京阪電鉄石場とは別駅・廃止）であった。時刻表は【表26】のとおりである。大津～京都間には１０００分の25の急勾配があり、連結両数は半減されている。それでも大津～京都間の所要時間は下り1時間2分、上り1時間4分を要しており、表定速度は時速17・6キロにすぎなかった。ちなみに現在では、電車が9～10分程度で走り抜けている。当時、この区間を走るのにいかに時間がかかっていたのかがわかる。

その後の時刻改正——大津～神戸間の直通——

明治16年（1883）8月1日の時刻改正では、大津～神戸間に7往復の直通運転を開始した。時刻表は【表27】のとおりである。

大津発は5時35分・7時10分・9時10分・11時10分・13時10分・15時10分・17時10分、神戸発は6時0分・8時0分・10時0分・12時0分・14時0分・16時0分・18時0分で、ほぼ2時間間隔で運転されている。所要時間は、大津発は始発列車が4時間8分、その他は4時間33分である。いっぽう、神戸発は6時から20時までの2時間間隔である。神戸～大津間の所要時間は3時間50分であった。

右記列車のほかに、大阪発6時31分・神戸着7時43分、大津発19時10分・大阪着22時22分、大阪発4時50分・大津着7時55分、神戸発20時0分・京都着22時50分、神戸発22時10分・大阪着23時13分の列車があった。朝早い列車には乗れるかも知れないが、大阪に23時13分に着いたところで、自宅へ帰れたのであろうか。

その後、明治22年（1889）7月1日には東海道線が全通し、大津駅が旅客の取扱いを廃止、新橋方面からの直通列車の他に、京阪神間の区間列車は馬場～神戸間となった。その時刻表は【表

【表27】明治16年８月１日／大津～神戸間 直通運転

●下り

大津発	・・	535	710	910	1110	1310	1510	1710	1910
石場発	・・	541	716	916	1116	1316	1516	1716	1916
馬場発	・・	550	724	924	1124	1324	1524	1724	1924
大谷発	・・	601	737	937	1137	1337	1537	1737	1937
山科発	・・	615	752	952	1152	1352	1552	1752	1952
稲荷発	・・	629	808	1008	1208	1408	1608	1808	2008
京都着	・・	635	814	1014	1214	1414	1614	1814	2014
京都発	・・	640	850	1050	1250	1450	1650	1850	2050
向日町発	・・	654	903	1103	レ	1503	1703	レ	2103
山崎発	・・	711	920	レ	1314	1520	レ	1914	2120
高槻発	・・	728	レ	1129	1329	レ	1729	1929	2136
茨木発	・・	743	943	1143	1343	1543	1743	1943	2149
吹田発	・・	800	1000	1200	1400	1600	1800	2000	2205
大阪着	・・	817	1017	1217	1417	1617	1817	2017	2222
大阪発	631	831	1031	1231	1431	1631	1831	2031	・・
神崎発	649	849	1049	1249	1449	1649	1849	2049	・・
西ノ宮発	705	905	1105	1305	1505	1705	1905	2105	・・
住吉発	724	924	1124	1324	1524	1724	1924	2124	・・
三ノ宮発	739	939	1139	1339	1539	1739	1939	2139	・・
神戸着↓	743	943	1143	1343	1543	1743	1943	2143	・・

●上り

神戸発	・・	600	800	1000	1200	1400	1600	1800	2000	2210
三ノ宮発	・・	605	805	1005	1205	1405	1605	1805	2005	2215
住吉発	・・	620	820	1020	1220	1420	1620	1820	2020	2230
西ノ宮発	・・	635	835	1035	1235	1435	1635	1835	2035	2245
神崎発	・・	651	851	1051	1251	1451	1651	1851	2051	2300
大阪着	・・	703	903	1103	1303	1503	1703	1903	2103	2313
大阪発	450	707	907	1107	1307	1507	1707	1907	2110	・・
吹田発	508	724	924	1124	1324	1524	1724	1924	2128	・・
茨木発	524	741	941	1141	1341	1541	1741	1941	2148	・・
高槻発	540	755	レ	1155	1355	レ	1755	1955	2203	・・
山崎発	558	811	1007	レ	1411	1607	レ	2011	2220	・・
向日町発	616	レ	1023	1223	レ	1623	1823	レ	2237	・・
京都着	631	835	1035	1235	1435	1635	1835	2035	2250	・・
京都発	650	850	1050	1250	1450	1650	1850	2040	・・	・・
稲荷発	658	858	1058	1258	1458	1658	1858	2048	・・	・・
山科発	713	913	1113	1313	1513	1713	1913	2103	・・	・・
大谷発	735	935	1135	1335	1535	1735	1935	2123	・・	・・
馬場発	746	946	1146	1346	1546	1746	1946	2134	・・	・・
石場発	751	951	1151	1351	1551	1751	1951	2139	・・	・・
大津着↓	755	955	1155	1355	1555	1755	1955	2143	・・	・・

【表28】明治22年7月1日／馬場〜神戸間 時刻改正

●下り

				(新橋発)			(名古屋発)	(名古屋発)	(静岡発)	(新橋発)
馬場発	・・	・・	755	934	1155	1355	1515	1640	1910	2244
大谷発	・・	・・	803	943	1205	1405	1525	1649	1919	2253
山科発	・・	・・	816	953	1216	1416	1536	1701	1930	2303
稲荷発	・・	・・	830	レ	1230	1430	1550	1715	1944	レ
京都着	・・	・・	836	1010	1236	1436	1556	1721	1950	2320
京都発	・・	645	845	1014	1245	1445	1605	1735	2000	・・
向日町発	・・	658	858	1026	1258	1458	1619	1748	2017	・・
山崎発	・・	714	914	レ	1314	1514	1634	1804	2035	・・
高槻発	・・	729	929	1053	1329	1529	1648	1819	2050	・・
茨木発	・・	742	942	1105	1342	1542	1700	1832	2108	・・
吹田発	・・	759	959	1122	1359	1559	1716	1851	2125	・・
大阪着	・・	817	1017	1139	1417	1614	1730	1908	2145	・・
大阪発	625	825	1025	1145	1425	1618	1735	1920	2150	・・
神崎発	643	843	1043	1201	1443	1633	1749	1938	2207	・・
西ノ宮発	659	859	1059	1218	1458	1647	1805	1958	2223	・・
住吉発	716	916	1116	レ	1516	1703	1822	2015	2238	・・
三ノ宮発	731	931	1131	1246	1531	1718	1837	2030	2253	・・
神戸着	735	935	1135	1250	1535	1722	1842	2035	2258	・・

●上り

神戸発	・・	555	755	955	1145	1355	1545	1730	1925	2150
三ノ宮発	・・	601	801	1001	1151	1401	1551	1736	1931	2156
住吉発	・・	615	815	1015	1205	1415	1605	1750	1945	2210
西ノ宮発	・・	629	829	1029	1210	1429	1619	1804	2000	2225
神崎発	・・	645	845	1045	1235	1445	1635	1818	2015	2240
大阪着	・・	700	900	1100	1250	1500	1650	1832	2030	2255
大阪発	・・	706	906	1106	1306	1506	1700	1836	2036	・・
吹田発	・・	723	923	1123	1323	1523	1719	1852	2053	・・
茨木発	・・	740	940	1140	1340	1540	1735	1908	2110	・・
高槻発	・・	752	952	1152	1352	1552	1747	1920	2122	・・
山崎発	・・	808	1008	1208	1408	レ	1804	レ	2138	・・
向日町発	・・	823	1025	1223	1423	1620	1619	1948	2153	・・
京都着	・・	835	1037	1235	1435	1631	1833	2000	2205	・・
京都発	535	840	1045	1240	1445	1636	1840	2005	・・	・・
稲荷発	レ	848	1053	1248	1452	1643	1847	2012	・・	・・
山科発	552	901	1106	1301	1507	1659	1901	2025	・・	・・
大谷発	606	917	1122	1317	1524	1713	1918	2040	・・	・・
馬場着	613	925	1130	1325	1532	1720	1926	2048	・・	・・
	(新橋行)	(静岡行)		(名古屋行)	(名古屋行)			(新橋行)		

28】のとおりである。神戸〜馬場間はほぼ2時間間隔で7往復（うち4往復は新橋方面直通列車）、京都〜神戸間1往復、大阪〜神戸間1往復、馬場〜京都間1往復（新橋発着列車）である。馬場〜神戸間の下り所要時間は、各駅停車で3時間27〜55分、稲荷・山崎・住吉通過の列車で3時間16分であった。

長浜〜敦賀間の工事

敦賀までは、鉄道史上から見れば、かなり早期に鉄道が敷設された。敦賀港を通じた大陸との輸送経路を確保するため、政府が鉄道建設の必要性を認めたからである。

長浜〜敦賀間の鉄道建設は旧暦明治４年（１８７１）３月、政府の命《めい》によるイギリス人建築師・ウィンボールの測量に始まる。さらに明治６年（１８７３）秋、再びイギリス人建築師・ホルサムが測量した。しかし、それらの測量結果は適当でないと判断された。そして明治13年（１８８０）２月、鉄道局長・井上勝《まさる》の稟請《りんせい》により、長浜〜木ノ本〜中ノ郷〜柳ケ瀬を経て、１０００分の25の勾配で県境の山脈を貫き、疋田《ひきだ》から敦賀に至る線を決定した。

工事はその明治13年４月に開始された。柳ケ瀬から曽々木《そそぎ》（現在は敦賀市の一部）に至る間は

【表29】明治15年３月10日／
金ケ崎（現・敦賀港）～柳ケ瀬隧道西口間、長浜～柳ケ瀬間開業

●下り

長　浜発	630	1500	‥
柳ケ瀬着	※745	※1615	‥
柳ケ瀬隧道西口発	‥	945	‥
麻生口発	730	※1010	1700
敦　賀発	※805	※1040	※1735
金ケ崎着↓	＝	＝	＝

●上り

金ケ崎発	‥	‥	‥	‥
敦　賀着	630	830	‥	1600
麻生口発	※655	※855	915	※1625
柳ケ瀬隧道西口着	＝	＝	※935	＝
柳ケ瀬発	830	1700	‥	‥
長　浜着↓	945	1815	‥	‥

※　　の時刻は推定

山岳地帯で、先述のとおり1000分の25の急勾配であり、最小曲線半径は15チェーンで、難工事となった。最終的には工区を4工区に分け、柳ケ瀬から麻生口までは長谷川謹介が担当した。

長谷川謹介は、大阪英語学校に1年在籍しただけでほかに学歴は何もなく、明治7年（1874）に鉄道寮傭となっている。20歳で鉄道局に入ってからイギリス人技師に就いて英語と仕事を学び、工技生養成所で教育を受けて技手となった人物である。仕事ではめったに笑顔を見せず、仕事に厳しい「雷オヤジ」であった。その仕事は実質的で、トンネルや橋は丈夫一点張りに造り、駅舎や貨物置場は質素なものを造った。

柳ケ瀬隧道は、滋賀～福井県境の山を貫通さ

せる４４３６フィート（約１３５２・１メートル）、１０００分の25の片勾配の隧道として、明治13年（１８８０）４月に着工した。岩石質はたいへん硬く、また、縦横に裂け目があり、崩落の危険もあった。この隧道も逢坂山隧道同様、鉱山作業員を使って開鑿した。工事は難航し、約４年を要して明治17年（１８８４）３月に竣工。死者は誰一人として出さなかった。

これより先、明治13年10月１日には敦賀から２マイルの区間に軌条の敷設が完了し、工事列車の運転が開始された。また、翌14年（１８８１）２月13日には、非公式ながら金ケ崎〜疋田間に貨物列車の運転が開始されている。

明治15年（１８８２）３月10日、金ケ崎（現・敦賀港《みなと》）〜柳ケ瀬隧道西口間、長浜〜柳ケ瀬間で運輸営業を開始した。この時の完全な史料はないので、推測を入れて時刻表を作成すると、【表29】のようになる。長浜〜柳ケ瀬間では２往復、柳ケ瀬隧道西口〜敦賀間では下り１本、麻生口〜敦賀間は下り２本・上り３本、麻生口〜柳ケ瀬隧道西口間は上り１本となっている。

金ケ崎〜柳ケ瀬隧道西口間には、敦賀、麻生口の２駅が設置された。なお、柳ケ瀬隧道西口の名称は、洞道口であった可能性がある。また、長浜〜柳ケ瀬間には大寺《だいじ》、河毛《かわけ》（旧）、高月《たかつき》、木ノ本、中ノ郷の各駅が設置された。これらのうち大寺は、明治19年（１８８６）５月１日に廃止されている。

明治15年４月16日には早々と、【表30】のように時刻改正を実施している。長浜〜柳ケ瀬間は

2往復のままであった。

所要時間は1時間15分で、表定速度は時速19・4キロであった。

洞道口〜金ケ崎間では【表31】のように、次の4往復の列車が設定された。

この時刻表では、前記の柳ケ瀬隧道西口は洞道口となっている。列車は下りは洞道口〜金ケ崎間に2本が設定されている。洞道口発8時50分・16時25分、金ケ崎着9時50分・17時25分で、所

【表30】明治15年4月16日／長浜〜柳ケ瀬間の時刻改正

●下り

長　浜発	600	1615
河　毛発	625	1640
高　月発	633	1648
木ノ本発	645	1700
中ノ郷発	700	1715
柳ケ瀬着	715	1730

●上り

柳ケ瀬発	730	1745
中ノ郷発	745	1800
木ノ本発	800	1815
高　月発	812	1827
河　毛発	820	1835
長　浜着	845	1900

【表31】明治15年4月16日／洞道口〜金ケ崎間の時刻改正

●下り

洞道口発	‥	850	1625	‥
刀　根発	‥	858	1633	‥
麻生口発	650	915	1650	1825
疋　田発	700	925	1700	1835
敦　賀発	720	945	1720	1855
金ケ崎着	725	950	1725	1900

●上り

金ケ崎発	600	735	1510	1735
敦　賀発	610	745	1520	1745
疋　田発	626	801	1536	1801
麻生口発	635	815	1550	1810
刀　根発	＝	828	1603	＝
洞道口着	‥	835	1610	‥

要時間は1時間である。このほかに麻生口〜金ケ崎間には、麻生口発6時50分・18時25分、金ケ崎着7時25分・19時0分の２本があり、所要時間は35分である。また、上りは、金ケ崎発7時35分・15時10分、洞道口着8時35分・16時10分の２本に、金ケ崎発6時0分・17時35分、麻生口着6時35分・18時10分の２本が加わっている。

長浜〜敦賀間の全通

明治17年（１８８４）４月16日、柳ケ瀬隧道完成に伴って、柳ケ瀬〜柳ケ瀬隧道西口間２マイル30チェーン（約３・８キロ）が開業し、長浜〜金ケ崎間26マイル31チェーン（約42・５キロ）が全通した。前記のとおり柳ケ瀬隧道はこの区間最長（１３５２・１メートル）の隧道で、４年の歳月と工費42万５０００円を費やし、この年の３月に竣工したものである。

開業時の時刻表は【表32】のとおりで、１日に３往復である。所要時間は２時間36分、表定速度は時速16・７キロとなっている。余呉《よご》経由の新線が開通する直前の昭和32年（１９５７）９月号の『時刻表』の北陸本線の下りのページを開くと、長浜〜敦賀間40・８キロはすべて客車列車で、大阪〜富山間急行「立山」で54分、大阪〜金沢間準急「ゆのくに」で52分、大阪発金沢行普

【表32】明治17年４月16日／長浜～金ケ崎間の時刻改正

●下り

長　浜発	900	1515	1615
大　寺発	918	1533	1633
河　毛発	926	1541	1641
高　月発	934	1549	1649
木ノ本発	947	1602	1702
中ノ郷発	1003	1618	1718
柳ケ瀬発	1020	1635	1735
刀　根発	1044	1659	1759
疋　田発	1111	1726	1826
敦　賀発	1129	1744	1844
金ケ崎着	1136	1751	1851

●上り

金ケ崎発	600	1220	1910
敦　賀発	612	1232	1922
疋　田発	630	1250	1940
刀　根発	655	1315	2005
柳ケ瀬発	721	1341	2031
中ノ郷発	737	1357	2047
木ノ本発	754	1414	2104
高　月発	805	レ	2115
河　毛発	814	1431	2124
大　寺発	821	1438	2131
長　浜着	836	1453	2146

【表33】明治17年５月16日／長浜～金ケ崎間の時刻改正

●下り

長　浜発	600	1220	1720
木ノ本発	637	1257	1757
中ノ郷発	650	1310	1810
柳ケ瀬発	707	1327	1827
敦　賀発	806	1426	1926
金ケ崎着	810	1430	1930

●上り

金ケ崎発	602	1222	1722
敦　賀発	611	1221	1731
柳ケ瀬発	711	1331	1831
中ノ郷発	724	1344	1844
木ノ本発	738	1358	1858
長　浜着	811	1432	1932

通531列車で1時間15分となっている。普通列車でも所要時間は半減していることがわかる。

長浜～金ケ崎間の開業後、わずか1カ月を経て5月16日に時刻改正を実施している。この時貨物列車が定期1往復、不定期2往復設定されているが、最速1時間56分であり、表定速度は時速22・0キロで時速20キロを超えている。この時刻改正で旅客列車は3往復で変化はなかったが、【表33】のようになった。

旅客列車の運転時分は大きく変わり、改正前長浜発９時０分・15時15分・16時15分は６時０分・12時20分・17時20分、上り金ケ崎発は改正前６時０分・12時20分・19時10分が６時２分・12時22分・17時22分と変わった。所要時間２時間33〜36分は２時間10分となり、表定速度は時速19・６キロとなった。

こうして運転が開始されたこの線区は、急勾配が隘路《あいろ》となっていた。戦後になって、木ノ本から琵琶湖東岸に沿って余呉を経由し敦賀に至る新線が昭和32年（１９５７）10月１日に開業、それと同時に米原〜敦賀間の交流電化が完成する。いっぽう、北陸本線の近代化に取り残された従来の木ノ本〜柳ケ瀬〜敦賀間は、柳ケ瀬線というローカル線に転向する。当時の時刻表によれば、彦根〜敦賀間２往復、米原〜敦賀間下り２本・上り１本、木ノ本〜敦賀間下り３本・上り４本、木ノ本〜中ノ郷間１往復となっている。

新疋田〜敦賀間が昭和38年（１９６３）９月30日に複線化されたことに伴い、10月１日から柳ケ瀬線疋田〜敦賀間はバス運行となり、柳ケ瀬線は木ノ本〜疋田間となった。そして翌39年（１９６４）５月11日、木ノ本〜疋田間も廃止されることとなる。柳ケ瀬線は、その廃線跡を利用した国鉄自動車柳ケ瀬線として、この日をもってバス路線となった。

筆者は廃線の10年後、昭和49年（１９７４）10月27日に同線の廃線跡を探索した。

柳ケ瀬線の廃線跡を利用した国鉄自動車柳ケ瀬線祝賀バスの発車式。
1964年5月11日、北陸本線敦賀駅前

刀根からバスに乗り、柳ケ瀬トンネルを抜けるルートだ。

勾配、急カーブの連続を経て、このトンネルに突入する。掘削の苦労、運転の苦労がわかるようだ。トンネル入口ではいったんバスを停止し、運転手が設置された小箱にキーを差し込み進行する。単線トンネルなのでトンネル内を閉塞区間にしているのだった。トンネルを抜けたあと、雁ヶ谷バス停で下車し、トンネルの雁ヶ谷口まで歩いて行った。トンネル天井に設置された排煙装置が、山岳路線の長年にわたる煙との戦いを物語っていた。

第3章　東海道線の全通

長浜～加納間の開業――長浜が東への起点――

長浜から大垣方面への鉄道建設は、敦賀線の完成を受け、同線の効用を向上させるために、長浜から関ケ原を経て大垣に至るルートが選定された。そして明治15年（1882）6月10日、長浜～関ケ原間が着工された。

まず長浜～関ケ原間14マイル25チェーン（約23キロ）が、敦賀～大垣間の鉄道として、明治16年（1883）5月1日に部分開業した。中間駅は春照《すいじょう》1駅であった。同駅は、のちの明治22年（1889）6月30日をもって廃止されている。また、明治18年（1885）3月16日に長浜～春照間に上阪《こうざか》駅を設けたが、12月10日には廃止されている。長浜～関ケ原間には、1日3往復の旅客列車が設定された。佐々木義郎編『琵琶湖の鉄道連絡線と郵便逓送』の50ページに、大阪の新聞に掲載された時刻表が掲載されている。それが【表34】である。関ケ原発7時45分・11時45分・17時0分、長浜発6時20分・10時20分・15時35分の3往復である。所要時間は1時間10分、表定速度は19・7キロであった。

同年10月21日には時刻改正を実施し、【表35】のようになったが、所要時間は変わらなかった。

この改正では、柳ケ瀬発8時30分の列車が長浜着9時45分で、長浜発10時0分に乗り換えて、

【表34】明治16年５月１日／長浜〜関ケ原間開業

●下り

関ケ原発	745	1145	1700
春　照発	823	1223	1733
長　浜着↓	855	1255	1810

●上り

長　浜発	620	1020	1535
春　照発	652	1052	1602
関ケ原着↓	730	1130	1645

【表35】明治16年10月21日／時刻改正

●下り

関ケ原発	800	1150	1730
春　照発	838	1128	1808
長　浜着↓	910	1300	1840

●上り

長　浜発	610	1000	1525
春　照発	642	1032	1557
関ケ原着↓	720	1110	1635

【表36】明治17年４月16日／時刻改正

●下り

関ケ原発	740	1145	1830
春　照発	818	1212	1908
長　浜着↓	850	1255	1940

●上り

長　浜発	600	920	1625
春　照発	632	952	1657
関ケ原着↓	710	1030	1735

関ケ原着11時10分であった。復路は関ケ原発11時50分、長浜着13時０分であるが、２時間15分待って長浜発15時15分で柳ケ瀬着16時30分となっていた。

また、明治17年（１８８４）４月16日の時刻改正では、【表36】のようになったが、所要時間は変わらず１時間10分であった。

この改正では、最終列車の時刻が１時間と大幅に繰り下がっている。さらにこの時には金ケ崎まで開通しており、金ケ崎発６時０分発、長浜着８時36分、長浜発９時20分、関ケ原着10時30分、金ケ崎発12時20分、長浜着14時53分、長浜発16時25分、関ケ原着17時35分、復路は関ケ原発7時40分、長浜着8時50分、長浜発9時0分、金ケ崎着11時36分、関ケ原発11時45分、長浜着12時55分、長浜発15時15分、金ケ崎着17時51分となっている。どれだけの人が長浜で乗り換えたかわからないが、1日2往復が接続できた。

明治17年（1884）5月25日、関ケ原〜大垣間8マイル38チェーン（約13・6キロ）の開通に伴って、大垣〜長浜間22マイル63チェーン（約36・7キロ）が開通した。【表37】からわかるように、1日3往復の列車が運転されている。大垣発7時25分・12時0分・18時45分、長浜発5時20分・9時40分・16時30分で、最終列車の時刻を繰り下げた。所要時間は大垣〜長浜間が1時間45分、大垣〜関ケ原間が40分である。また、関ケ原〜長浜間では1時間2分に速度が向上している。

長浜〜金ケ崎間は先の5月16日に時刻改正されていて、長浜の接続は【表38】のとおりである。

長浜〜関ケ原間の開業、関ケ原〜大垣

【表37】明治17年5月25日／大垣〜長浜間開業

●下り

大垣	発	725	1200	1845
垂井	着	749	1224	1909
垂井	発	753	1228	1913
関ケ原	着	805	1240	1925
関ケ原	発	808	1243	1928
春照	着	843	1318	2003
春照	発	845	1320	2005
長浜	着	910	1345	2030

●上り

長浜	発	520	940	1630
春照	着	545	1005	1655
春照	発	547	1007	1657
関ケ原	着	622	1042	1732
関ケ原	発	625	1045	1735
垂井	着	637	1057	1747
垂井	発	641	1101	1751
大垣	着	705	1125	1815

【表38】明治17年5月16日／時刻改正による長浜の接続

●下り

大　垣発	725	1200
関ケ原発	808	1243
長　浜着	910	1345
長　浜発	1220	1720
金ケ崎着	1430	1930

●上り

金ケ崎発	600	1222
長　浜着	840	1432
長　浜発	940	1630
関ケ原発	1045	1735
大　垣着	1125	1815

【表39】明治20年1月21日／加納～長浜間開業

●下り

加　納発	655	1150	1915
大　垣発	740	1230	2000
垂　井発	759	1249	2019
関ケ原発	816	1306	2036
春　照発	850	1340	2110
長　浜着	915	1405	2135

●上り

長　浜発	550	1420	1810
春　照発	618	1448	1838
関ケ原発	653	1523	1913
垂　井発	707	1537	1927
大　垣発	735	1600	1955
加　納着	810	1635	2030

間の着工に際して、政府は高崎～大垣間を結んで、東西京を結ぶ幹線の建設を決定していた。建設は東西から着工され、西側は明治17年5月に大垣～加納《かのう》（現・岐阜駅の前身）間の測量を開始し、東側は10月に高崎～横川間を着工した。

明治20年（1887）1月21日、大垣～加納間8マイル56チェーン（約14キロ）が開通した。【表39】からわかるように、加納～長浜間には1日3往復の列車が運転された。加納発は6時55分・11時50分・19時15分、長浜発は5時50分・14時20分・18時10分で、所要時間は2時間15～20分、表定速度は時速21・7～22・5キロであった。

太湖汽船による大津～長浜間の航路――琵琶湖は船で――

琵琶湖の湖上交通のため、太湖《たいこ》汽船会社が明治14年（1881）10月に設立された。同年10月10日には、大津～長浜間に琵琶湖を渡る汽船によって連絡輸送を行なうことを、鉄道局が認可している。これを受け、翌15年（1882）5月1日に太湖汽船会社は、長浜～大津間に鉄道連絡航路の運航を開始した。以下、前述の佐々木義郎編『琵琶湖の鉄道連絡線と郵便逓送』よりこの太湖汽船の歴史を見てみよう。

開業の明治15年5月1日には1日2往復の航行であった。大津発は10時0分・21時0分である。大津～長浜間の所要時間を5時間30分から6時間と推定すれば、長浜着は15時30分から16時0分、2時30分から3時0分となる。さらに、長浜発16時15分、6時0分の列車に乗れば、柳ケ瀬着はそれぞれ17時30分、7時15分となる計算だ。

逆方向では、柳ケ瀬発7時30分・17時45分、長浜着は8時45分・19時0分であり、太湖汽船は長浜発9時0分・21時0分である。乗船して湖上を渡ると、大津着は14時30分から15時0分、2時30分から3時0分となる。明治13年（1880）7月15日改正の時刻表によれば、大津発の15

【表40】明治16年８月１日／時刻改正後に３往復となった太湖汽船

●下り

大津発	810	1210	2200
長浜着↓	1410	1810	400

●上り

長浜発	950	1310	2100
大津着↓	1550	1910	300

時15分、６時15分に乗ると、京都には16時17分、７時17分に着くこととなる。

明治16年（１８８３）８月１日の時刻改正では、１日３往復に増便された。着時刻は所要時間６時間と推定し、【表40】のようになった。

すでに開業している長浜～関ケ原間の旅客も利用できるようになった。また、大阪からの接続も考慮されている。鉄道のほうも時刻改正を実施し、京都以西との直通運転が実施され、大阪発４時50分、大津着７時55分に乗れば、大津発８時10分に乗船できる。神戸発８時０分、大津着11時55分に乗れば、12時10分に乗船でき、神戸発18時、大津着21時43分に乗れば、22時０分発に乗船できた。長浜発では長浜発21時０分は大津に深夜に着くので、翌日の大津発５時35分に乗ることができ、神戸着は９時43分となる。あとは長浜発９時50分で大津着15時50分、大津発17時10分、神戸着は21時43分となる。長浜発13時10分は大津着19時10分と推測しているので、大津同時刻発の大阪行に乗車できたかどうかである。これに乗れたのであれば、大阪着は22時22分となる。明治17年（１８８４）５月15日には太湖汽船と鉄道局の船車連絡きっぷが発売されている。

この航路はのちに所要時間が４時間となる。日本初の鉄船である第１・２太湖丸（約500総トン・350人乗り）が就航し、スピードアップしたからである。初めて所要時間がわかる資料は前掲書の85ページに掲載されている「物貨運輸取引所、近江国長浜、東屋改吉田長作の引札」であり、併記の鉄道の時刻から推測して、明治18年（1885）12月10日時刻改正から同19年

【表41】２往復となった太湖汽船時刻表

●下り

大　津発	1200	2200
長　浜着	1600	300

●上り

長　浜発	1030	2130
大　津着	1430	300

【表42】明治19年６月１日時刻改正時の太湖汽船時刻表

●下り

大　津発	950	1350	2200
長　浜着	1330	1750	200

●上り

長　浜発	930	1350	2200
大　津着	1330	1730	200

【表43】明治19年６月１日／時刻改正

●下り

神　戸	発	555	955	1755
大　阪	発	706	1106	1906
京　都	発	846	1246	2046
大　津	着	939	1339	2139
	発	950	1350	2200
長　浜	着	1330	1750	200
	発	1400	1810	520
関ケ原	発	1503	1913	623
大　垣	着	1535	1945	655
	発	1540	‥	700
木曽川	着	1835	‥	955
	発	1840	‥	1000
名古屋	発	1940	‥	1100
武　豊	着	2134	‥	1254
長　浜	発	1410	1900	610
柳ケ瀬	発	1515	2004	714
敦　賀	着	1600	2050	800

●上り

敦　賀	発	625	1140	1645
柳ケ瀬	着	716	1232	1736
長　浜	着	815	1330	1835
武　豊	発	‥	530	1400
名古屋	発	‥	730	1600
木曽川	着	‥	825	1655
	発	‥	830	1700
大　垣	着	‥	1130	2000
	発	740	1200	2010
関ケ原	発	816	1236	2046
長　浜	着	915	1335	2145
	発	930	1350	2200
大　津	着	1330	1730	200
	発	1345	1745	545
京　都	発	1445	1845	645
大　阪	発	1625	2025	825
神　戸	着	1735	2135	935

※大津～長浜間は太湖汽船、大垣～木曽川間は人力車で連絡

（１８８６）３月15日時刻改正の間の時刻表と考えられる。それによれば１日２往復に減便され、【表41】のようになっている。所要時間は昼行は４時間、夜行は５時間から５時間30分であったことがわかる。

明治19年３月15日時刻改正では３往復に増便されている。同年６月１日の時刻改正では【表42】のとおり、下りの最初の便と上りの中間の便以外は所要時間４時間となっている。

その後も時刻改正は実施されている。明治22年（１８８９）７月１日に東海道線が全通するまで、太湖汽船は琵琶湖湖上を運航したが、その前の明治19年６月１日の時刻表は【表43】のとおりである。

武豊～加納間の列車の運転――名護屋と書かれたこともあった――

敦賀線が関ケ原、大垣、加納と延長していた頃、同時に、武豊から名古屋・加納経由で大垣方面へ至る路線の延長工事も進められていた。

明治18年６月、政府は鉄道建築資材を運搬する線路として、武豊～名古屋間24マイル64チェーンの線路の仮設を指令した。それを受けて同年８月、この区間を建設する資材の陸揚地であった

【表44】明治19年3月1日／武豊～熱田間開業

●下り

武　豊発	700	1600
半　田発	720	1620
亀　崎発	735	1635
緒　川発	755	1655
大　高発	830	1730
熱　田着	845	1745

●上り

熱　田発	945	1845
大　高発	1000	1900
緒　川発	1035	1935
亀　崎発	1055	1955
半　田発	1110	2010
武　豊着	1130	2030

武豊から工事は開始された。

明治19年（1886）3月1日、武豊～熱田間20マイル49チェーン（約33・2キロ）が開業し、1日2往復の客貨混合列車の運転が開始された。時刻表は【表44】のとおりである。熱田発9時45分・18時45分、武豊発7時0分・16時0分の2往復で、所要時間は1時間45分、表定速度は時速18・9キロであった。

その後、線路は延伸し、明治19年4月1日には熱田～清洲間が開業

【表45】明治19年4月1日／清洲～熱田間開業

●下り

武　豊発	500	1400
半　田発	520	1420
熱　田発	645	1545
清　洲着	730	1630

●上り

清　洲発	950	1850
熱　田発	1040	1940
半　田発	1200	2100
武　豊着	1220	2120

【表46】明治19年5月1日／一ノ宮～清洲間開業

●下り

武　豊発	500	1400
半　田発	520	1420
熱　田発	645	1545
名護屋発	710	1610
一ノ宮着	800	1700

●上り

一ノ宮発	920	1820
名護屋発	1020	1920
熱　田発	1040	1940
半　田発	1200	2100
武　豊着	1220	2120

した。武豊～清洲間には1日2往復の客貨混合列車を運転し、所要時間は2時間30分であり、運転時刻は【表45】のようになる。

5月1日には清洲～一ノ宮（のち尾張一ノ宮、現・尾張一宮）間が開業した。この時、清洲～熱田間に現在の名古屋駅である名護屋《なごや》駅が開設されている。武豊～名護屋間の所要時間は下り2時間10分、上り2時間で、【表46】のようになった。

翌月の6月1日には一ノ宮～木曽川間が開業、木曽川～武豊間は所要時間2時間54～55分、名護屋～武豊間は1時間54～2時間となった。また、名護屋～武豊間に1往復を新設し、【表47】のとおりとなった。

【表47】明治19年6月1日／木曽川～一ノ宮間開業

●下り

武　豊発	530	1400	1630
半　田発	549	1519	1649
熱　田発	707	1537	1807
名護屋発	730	1600	1824
一ノ宮発	811	1641	＝
木曽川着↓	825	1655	‥

●上り

木曽川発	‥	1000	1840
一ノ宮発	‥	1016	1856
名護屋発	800	1100	1940
熱　田発	822	1122	2002
半　田発	939	1239	2115
武　豊着↓	954	1254	2134

明治20年（1887）4月25日、木曽川橋梁の完成に伴って木曽川～加納間4マイル62チェーン（約7・7キロ）が開通、武豊～加納間43マイル51チェーン（約70・2キロ）が全通し、同時に武豊～長浜間が全通した。この時、名護屋は名古屋と表記を改めている。「名護屋」の時代は1年間もなかったわ

けである。

この開業に伴う時刻改正で、名古屋～長浜間50マイル26チェーン（約81キロ）には3往復、武豊～名古屋間24マイル64チェーン（約39・9キロ）には2往復が設定された。各列車の時刻は【表48】のとおりである。名古屋～長浜間の所要時間は3時間15分、表定速度は時速21・6キロで、

【表48】明治20年４月25日／武豊～長浜間開業

●下り

武豊発	‥	800	‥	1600	‥
半田発	‥	817	‥	1617	‥
亀崎発	‥	831	‥	1631	‥
緒川発	‥	850	‥	1650	‥
大高発	‥	917	‥	1717	‥
熱田発	‥	935	‥	1735	‥
名古屋着	‥	950	‥	1750	‥
名古屋発	600	‥	1000	‥	1800
清洲発	616	‥	1016	‥	1816
一ノ宮発	638	‥	1038	‥	1838
木曽川発	651	‥	1051	‥	1851
加納発	708	‥	1108	‥	1908
大垣発	744	‥	1144	‥	1944
垂井発	802	‥	1202	‥	2002
関ケ原発	818	‥	1218	‥	2018
春照発	850	‥	1250	‥	2050
長浜着	915	‥	1315	‥	2115

●上り

長浜発	600	‥	1400	‥	1800
春照発	627	‥	1427	‥	1827
関ケ原発	659	‥	1459	‥	1859
垂井発	714	‥	1514	‥	1914
大垣発	742	‥	1542	‥	1942
加納発	811	‥	1611	‥	2011
木曽川発	827	‥	1627	‥	2027
一ノ宮発	840	‥	1640	‥	2040
清洲発	900	‥	1700	‥	2100
名古屋着	915	‥	1715	‥	2115
名古屋発	‥	920	‥	1720	‥
熱田発	‥	938	‥	1738	‥
大高発	‥	952	‥	1752	‥
緒川発	‥	1022	‥	1822	‥
亀崎発	‥	1044	‥	1844	‥
半田発	‥	1056	‥	1856	‥
武豊着	‥	1110	‥	1910	‥

【表49】明治20年５月12日／名古屋～長浜 時刻改正

●下り

名古屋発	600	1000	1400	1800
一ノ宮発	634	1034	1434	1834
加　納発	702	1102	1502	1902
大　垣発	734	1134	1534	1934
長　浜着↓	900	1300	1700	2100

●上り

長　浜発	600	1000	1400	1800
大　垣発	729	1129	1529	1929
加　納発	757	1157	1557	1957
一ノ宮発	825	1225	1625	2025
名古屋着↓	900	1300	1700	2100

武豊～名古屋間は１時間50分、表定速度は時速21・８キロであった。この時刻表によれば、朝６時に名古屋を出発すると、長浜着が９時15分、長浜で太湖汽船に乗り換え、大津で再び汽車に乗れば、京都着が14時36分、大阪着が16時18分となる。京都まで８時間36分、大阪までは10時間18分もかかる計算だ。平成28年（２０１６）現在の新幹線「のぞみ１号」は、名古屋～京都を33分、名古屋～新大阪間を47分で走破している。当時と比べると文字どおり隔世の感がある。

武豊～長浜間が開通して18日後、５月12日には早くも時刻改正が実施されている。【表49】である。

この結果、名古屋～長浜間の列車は３往復から４往復となり、所要時間は３時間15分から３時間にスピードアップされた。名古屋発は14時０分発が増発され、６時０分・10時０分・14時０分・18時０分となり、長浜着は９時０分・13時０分・17時０分・21時０分となった。長浜発は10時０分発が増発され、６時０分・10時０分・14時０分・18時０分となり、名古屋着は９時０分・13時０分・17時０分・21時０

【表50】明治20年5月12日／名古屋～武豊間

●下り

武　豊発	750	1550
半　田発	806	1606
熱　田発	928	1728
名古屋着↓	943	1743

●上り

名古屋発	905	1705
熱　田発	923	1723
半　田発	1041	1841
武　豊着↓	1055	1855

分となった。上下ともに4時間間隔の運転で、大垣で交換していた。

武豊～長浜間の開通により、武豊発着の列車は武豊～名古屋間の運転となった。武豊発が7時50分・15時50分、名古屋着は9時43分・17時43分で、所要時間は1時間53分。名古屋発は9時5分・17時5分、武豊着は10時55分・18時55分で、所要時間は1時間50分。上下列車は熱田で交換し、【表50】のようになった。

機関車や客車は当初、武豊を基地として運用されていたが、明治25年（1892）6月1日に実施された武豊駅移転に伴って、車両基地は名古屋へ移された。武豊駅は、名古屋側へ約1200メートル移動した。

中山道線の建設へ――当初案は中山道線が有力であった――

明治政府は従来、東京～大阪間の幹線敷設を中山道案で進めていたが、明治19年（1886）7月11日に東海道を幹線と決定した。

時代を遡ってみると、旧暦明治2年（1869）11月に明治政府が鉄道建設に着手した時には、すでに東京と京都を結ぶ幹線鉄道の構想があった。次のようなものである。

・東京と京都を結ぶ幹線
・東京〜横浜間
・琵琶湖沿岸〜敦賀間
・京都〜神戸間

幹線以外の路線は早期に建設されていて、試行的性格も持っていたが、いずれも都市と開港場を結ぶ路線であったことがわかる。

では、幹線をどのようにするのか。それにはまず、中山道か東海道、いずれを採るかの選択が必要であった。

明治3年（1870）、民部省（のち工部省）が同省出仕・佐藤政養《まさやす》（与之助）、小野友五郎を派遣して東海道を調査させている。その成果として、旧暦明治4年（1871）1月「東海道筋鉄道巡覧書」を提出。未開発地域開発の立場から、中山道線を選択すべきだと結論している。

旧暦明治4年3月、小野友五郎らが再び中山道路線調査に派遣されている。また、同7年

（1874）から同8年（1875）にかけて、建築師長・ボイルも再度調査している。しかし、当時の政府の状況は、鉄道建設を進められるほど安定しておらず、京浜間及び阪神間の開業以降、鉄道の建設は遅々として進んでいなかった。

このような状況のもと、明治9年（1876）2月に鉄道頭・井上勝《まさる》は工部卿・伊藤博文に対して、鉄道建設の促進を図る建議書を提出した。しかし、これに対する回答は得られなかった。4月にはボイルが、「西京敦賀間並中仙道及尾張線ノ明細測量ニ基キタル上告書」を提出しているが、政府はやはり建設の決定はしなかった。そこで12月には、鉄道頭が再び建議書を提出し、速やかな決断を要請している。

明治10年（1877）9月に西南戦争が終結し、翌11年（1878）4月、政府は参議・大久保利通の建議に基づき、1250万円の6分利付内国債を募集した。この公債は起業公債として、明治10年代以降の「殖産興業」政策推進の基金となった。そのうち420万円が工部省に割り当てられ、京都～大津間の建設費133万3914円、米原～敦賀間の建設費80万円が確保された。また、東京～高崎間線路測量の許可を申請し、12月11日に工部卿が太政大臣の許可を得て、明治13年（1880）2月にようやく測量が開始された。

工部卿は工事着手の建議を出し、2月17日に許可されたが、太政官は費用の計上はしなかった。

費用が高いため工事は行なわれず、10月に鉄道局長・井上勝は工部卿・山尾庸三に上申書を提出し、着工取り消しか、着工延期かを決定するように上申した。この結果、11月９日に太政大臣が着工を取り消すこととなる。この決定によって、幹線の東西からの工事は困難となった。

明治15年（１８８２）に入ると、鉄道局が特許条約書に基づいて、日本鉄道会社の工事代行の委嘱を受け、東京～前橋間の建設に着手するようになれば、政府も幹線建設の方向へ向かうだろう、という動きが出てきた。その結果、政府は明治16年（１８８３）８月６日に中山道案での幹線建設を内定。まず測量をし、建設の方法についての詳細を提出するように工部省に命令した。

それを受け、工部卿代理・参事院議長・山縣有朋は高崎～大垣間の鉄道建設の建議書を提出した。この山縣の建議は、中山道の鉄道建設は軍事上必要であるという観点からであったと想像される。当時の陸軍は、ドイツなどのヨーロッパ各国における軍事輸送の実態や、西南戦争における鉄道の果たした役割などから、鉄道の軍事的役割に関心を持つようになっていたのだ。

明治16年８月17日、工部卿は井上鉄道局長の意見書を添えて、太政大臣に「鉄道幹線測量之義ニ付上申」を提出した。10月23日、工部省に対し工事着工が通達され、17年度においては予備金から50万円の支出が認められた。

いっぽう、同年12月21日に大蔵卿は鉄道公債証書発行を上申し、28日の太政官布告第47号によって「中山道鐵道公債證書條例」が制定された。発行高は2000万円限度の7分利付起業公債で、幹線鉄道建設は資金の裏付けを得たことになる。ようやく工事は、東西から本格的に開始されることとなった。その進捗状況は次のとおりである。

▼中山道東部
・明治16年11月　高崎〜上田間の測量を開始
・明治17年5月　日本鉄道の上野〜高崎間が開業
・明治17年10月　高崎〜横川間の建設を着工
・明治18年5月　資材輸送線として直江津〜上田間の建設を決定
・明治18年7月　直江津〜上田間の建設を着工
・明治18年10月15日　高崎〜横川間が開業

▼中山道西部
・明治17年5月　大垣〜加納間の測量を開始
・明治18年1月26日　加納〜名古屋間を測量

明治18年（1885）3月　中山道幹線の資材輸送線として名古屋～半田間の延長を求める上申書を提出。太政官は6月、仮に建設すべきと指令する。

・明治18年8月　武豊～半田～名古屋間の建設を着工
・明治20年4月25日　大垣～武豊間が全通

この幹線建設は測量と工事とを並行して行なう方法をとっていたが、その進捗に伴ってさまざまな問題が発生していた。そこで、幹線の経路を変更しようとする動きが出てくるのである。

東海道線建設へ――ようやく着工へ――

今から思えば、どうして中山道を先に選択したのか意外であり、大きな疑問である。その答えは、井上鉄道局長の中山道幹線に関する意見書のなかに記されている。

東海道ハ第一ニ函嶺ノ険アリ、第二ニ富士・阿倍・大井・天竜等ノ大河アリ、之ニ向カヒテ工事ヲ施スハ実ニ容易ノ事ニ非ズ。且経由スル所ノ地、大半海浜ニ沿ヒ并ニ土地平坦ナレバ、舟楫《しゅうしゅう》車馬ノ利共ニ相通是ゼザルナシ。故ニ鉄道ヲ要セズシテ、所在ノ便利スデニ達セリト云フモ、敢テ不可ナキナリ。（工部省記録巻二七）

口語訳してみれば、「東海道は、第一に箱根の峻険な山地があり、第二に富士川、安倍川、大井川、天竜川などの大河川があり、これに対して鉄道工事をするのは容易なことではない。また、経由地は海浜に沿っていて、土地は平坦であるから、水運車馬の便利に通じている。すでに交通の利便性は確保されており、鉄道はあえて必要がないと考えられる」ということだ。つまり、箱根の山や大河川の存在で工事が難しいうえ、交通の利便性がすでに良いのだから鉄道は必要としない、ということである。これに加えて、海上から攻撃を受けやすいとする軍部の意見もその理由の1つであった。

中山道幹線構想の問題点は、第1に揖斐川、長良川、木曽川の大河川、第2に碓氷峠であった。第1の問題は、武豊港・半田港から資材を名古屋に搬送することで、木曽川以東の工事を開始することができた。しかし、第2の碓氷峠は、工事着手までに5～6年を要したようで、直江津線

【表51】東海道と中山道の比較調査結果

	東海道	中山道
東京〜名古屋間の距離	235.0 マイル（383 キロメートル）	257.5 マイル（414 キロメートル）
工事区間距離	横浜〜熱田間 218.0 マイル（350.8 キロメートル）	横川〜名古屋間 176.5 マイル（284 キロメートル）
建設費	約 1000 万円（1 マイルあたり 4 万 6000 円）	約 1500 万円（1 マイルあたり 8 万 5000 円）
隧道数・距離	16 カ所 3.5 マイル(5.6 キロメートル)	48 カ所 11 マイル（17.7 キロメートル）
橋梁	2 万 1700 フィート（6614.2 メートル）	4200 フィート（1280.2 メートル）
勾配（20/1000以上）	13 マイル（20.9 キロメートル）	54 マイル（86.9 キロメートル）
曲線延長	43 マイル（69.2 キロメートル）	77 マイル（123.9 キロメートル）
高度	2400 フィート（731.5 メートル）	6900 フィート（2103.1 メートル）
列車運転時間	13 時間余	19 時間余
営業収支	営業収入：108 万円 営業費：59 万 7876 円 対資本益金率：4.82%	営業収入：88 万円 営業費：58 万 7950 円 対資本益金率：1.95%

を建設し、上田を中心として木曽方面と軽井沢方面に延伸する工事計画が立てられた。その計画に沿って中山道中部の測量が行なわれたが、難工事となることが予想された。また、建設しても鉄道の機能が発揮できないものと判断された。

そこで、井上鉄道局長は密かに東海道を調査させた。だが、その結果においても【表51】に見られるように、中山道鉄道の機能は発揮できないものと判断された。

この比較によって、井上鉄道

局長は東海道線採用の結論を得ることとなる。井上はまず、内務大臣・山縣有朋に具体的に説明し、同意を得た。その後、この見解を内閣総理大臣・伊藤博文に提出し、明治19年（1886）7月13日に閣議はこの意見を可決、19日には閣令第24号で幹線変更を公布する。ようやく、幹線を中山道線とする計画は否定され、東海道線に決定されたのである。

結局、この結論に至るまでに、明治3年（1870）から16年の歳月がかけられた。井上は「23年の帝国議会開会前に全通せしめ、議員の往復に便せしむべし」としており、4年間で全通するべく工事に着手していく。

横浜～国府津間の開業

井上鉄道局長は明治19年7月、横浜～沼津間の測量と建設工事を二等技師・原口要《かなめ》に担当させた。ちなみに、沼津～大府《おおぶ》間は翌8月に三等技師・南清《みなみきよし》が担当した。

明治19年度末には、東海道線全線の測量はほぼ終わっていた。測量に際して、原口技師は井上局長に向かって「命を受け工区分担に任ずる以上、是非御指定期限を誤らざる様に竣工せしめ度覚悟なければ、施工上の権限を一任されたし、万一事を誤るが如きこと有らば即時自決します」

と述べ、局長はこれを快諾したとある。

全線の測量完了を待つまでもなく、東海道線工事の口火を切って、まず横浜～酒匂川《さかわ》間を明治19年11月に着工した。横浜～沼津間は工区を２つに分け、横浜～国府津間を六等技師・大屋権平、国府津～沼津間は一等技手・野村龍太郎、三等技手・木村懋《つとむ》が担当した。

横浜～国府津間の工事のうち清水谷隧道の工事は、募集した労働者の技術が未熟なために苦労したようだが、明治20年（１８８７）７月に竣工した。また、馬入川《ばにゅう》（相模川下流部）橋梁は70フィート鈑桁28連を架設するもので、同年５月に仮橋によって開通させ、翌21年（１８８８）８月に竣工した。

横浜～国府津間30マイル74チェーン（約49・９キロ）はこの２つの主要工事を終え、明治20年７月に竣工、７月11日に開業した。横浜駅は中間駅から約１キロ新橋寄りの横浜停車場から新橋・横浜間線路の約１キロ地点で、現在の横浜市西区高島町付近の石崎川の手前で西方に分岐して石崎川に沿って西進し、程ケ谷（現・保土ケ谷）へ至っていた。すなわち、スイッチバックすることにしたわけである。横浜～国府津間の中間停車場は、程ケ谷、戸塚、藤沢、平塚、大磯であった。

新橋～横浜～国府津間の列車——当初は3往復——

明治20年（1887）7月11日に開業した横浜～国府津間には、【表52】のとおり3往復の列車が設定された。

横浜～国府津間の所要時間は1時間45分で、表定速度は時速28・5キロであった。なお、新橋からは新橋発6時45分・11時0分・16時0分の列車が横浜で接続し、国府津着は9時35分・14時15分・18時55分である。上りは横浜で乗り換え12時15分・16時45分に接続し、新橋着は13時10分・17時30分・22時40分であった。新橋発6時45分に乗れば、国府津には9時35分に到着するので、所要時間は2時間50分となる。

現在なら、快速「アクティー」に乗車すれば東京から1時間7～9分程度で着いてしまう。当時の所要時間の半分以下である。

同年11月1日には時刻改正を実施し、1日4往復となり各列車は新橋～国府津間となった。運転時刻は【表53】のとおりである。

2130	2300
2225	2351
‥	‥
‥	‥

1805	‥	‥
1950	‥	‥
2000	2130	2300
2055	2225	2351

【表52】明治20年7月11日／横浜〜国府津間開業

●下り

横　浜発	750	1230	1710
国府津着↓	935	1415	1855

●上り

国府津発	1000	1445	1930
横　浜着↓	1145	1630	2115

【表53】明治20年11月1日／新橋〜横浜〜国府津間 時刻改正

●下り

新　橋発	700	815	930	1030	1145	1300	1430	1600	1715	1830	2010
横　浜着	755	910	1015	1125	1240	1355	1525	1645	1810	1925	2105
横　浜発	800	··	··	1130	··	··	1530	··	1815	··	··
国府津着↓	945	··	··	1315	··	··	1715	··	2000	··	··
			（急行）					（急行）			

●上り

国府津発	··	··	··	715	··	··	1120	··	··	1520	··
横　浜着	··	··	··	900	··	··	1305	··	··	1705	··
横　浜発	630	700	815	905	1030	1145	1310	1430	1600	1715	1830
新　橋着↓	724	755	910	950	1125	1240	1405	1525	1645	1810	1925
				（急行）					（急行）		

横浜〜国府津間の所要時間は変わらず1時間45分、新橋〜国府津間は2時間45分であったが、上り国府津7時15分は急行運転で、国府津〜新橋間は2時間35分であった。

明治21年（1888）3月16日に時刻改正を実施した。詳細は【表54】のとおりである。

新橋〜国府津間は、1日4往復から6往復に増発された。下りは、新橋発6時15分・8時45分・11時0分・13時30分・16時0分・18時15分、国府津着9時0分・11時10分・13時35分・16時5分・18時25分・20時50分である。新橋発8時45分・16時0分の列車は、新橋〜横浜間が急行運転され、他の列車の所要時間2時間35〜45分に対し、2時間25分で快走した。上りは、国府津発5時50分・9時25分・

11時50分・14時20分・16時40分・19時5分である。国府津発14時20分の列車は、横浜〜新橋間が急行運転で、所要時間は2時間25分、他の列車は2時間30〜35分であった。

現在では、普通列車を利用すると新橋〜国府津間は1時間9分（321M）である。

1700	1815	1930	2045	2200	2315
1709	1824	1939	2054	2209	2324
1718	1833	1948	2103	2218	レ
1730	1845	2000	2115	2230	レ
1738	1853	2008	2123	2238	レ
1750	1905	2020	2135	2250	2355
1755	1910	2025	2140	2255	2400
・・	1915	・・	・・	・・	・・
・・	1923	・・	・・	・・	・・
・・	1941	・・	・・	・・	・・
・・	2002	・・	・・	・・	・・
・・	2026	・・	・・	・・	・・
・・	2033	・・	・・	・・	・・
・・	2050	・・	・・	・・	・・

（急行）

・・	1640	・・	1905	・・	・・
・・	1700	・・	1926	・・	・・
・・	1707	・・	1933	・・	・・
・・	1732	・・	1958	・・	・・
・・	1740	・・	2015	・・	・・
・・	1806	・・	2033	・・	・・
・・	1811	・・	2039	・・	・・
1700	1815	1930	2045	2200	2315
1706	1821	1936	2051	2206	2321
1718	1833	1948	2103	2218	レ
1726	1841	1956	2111	2226	レ
1738	1853	2008	2123	2238	レ
1746	1901	2016	2131	2246	2351
1755	1910	2025	2140	2255	2400

（急行）

【表54】明治21年3月16日／新橋〜横浜〜国府津間 時刻改正

●下り

新　橋発	615	730	845	945	1100	1215	1330	1445	1600
品　川発	624	739	854	954	1109	1224	1339	1454	1609
大　森発	633	748	レ	1003	1118	1233	1348	1503	レ
川　崎発	645	800	レ	1015	1130	1245	1400	1515	レ
鶴　見発	653	808	レ	1023	1138	1253	1408	1523	レ
神奈川発	705	820	925	1035	1150	1305	1420	1535	1640
横　浜着	710	825	930	1040	1155	1310	1425	1540	1645
横　浜発	725	・・	935	・・	1200	・・	1430	・・	1650
程ケ谷発	733	・・	943	・・	1208	・・	1438	・・	1658
戸　塚発	751	・・	1001	・・	1226	・・	1456	・・	1718
藤　沢発	812	・・	1022	・・	1247	・・	1517	・・	1737
平　塚発	836	・・	1046	・・	1311	・・	1541	・・	1801
大　磯発	843	・・	1053	・・	1318	・・	1548	・・	1808
国府津着↓	900	・・	1110	・・	1335	・・	1605	・・	1825
			（急行）						（急行）

●上り

国府津発	・・	550	・・	・・	925	・・	1150	・・	1420
大　磯発	・・	611	・・	・・	946	・・	1211	・・	1441
平　塚発	・・	618	・・	・・	953	・・	1218	・・	1448
藤　沢発	・・	642	・・	・・	1017	・・	1243	・・	1513
戸　塚発	・・	659	・・	・・	1034	・・	1300	・・	1530
程ケ谷発	・・	717	・・	・・	1051	・・	1318	・・	1548
横　浜着	・・	725	・・	・・	1056	・・	1325	・・	1554
横　浜発	615	730	845	945	1100	1215	1330	1445	1600
神奈川発	621	736	851	951	1106	1221	1336	1451	1606
鶴　見発	633	748	レ	1003	1118	1233	1348	1503	レ
川　崎発	641	756	レ	1011	1126	1241	1356	1511	レ
大　森発	653	808	レ	1023	1138	1253	1408	1523	レ
品　川発	701	816	921	1031	1146	1301	1416	1531	1636
新　橋着↓	710	825	930	1040	1155	1310	1425	1540	1645
			（急行）						（急行）

浜松〜大府間の開業——武豊線は支線へ——

東海道線は西からも延伸した。明治20年(1887)2月には沼津〜大府間の測量が完了し、その年に全線が着工された。また、9月10日には大府停車場を開設し、武豊線との分岐駅とした。天竜川〜大府間はこれを2区分とし、大府〜新居間を三等技手・松田周次、新居〜天竜川間を四等技手・長谷川謹介《きんすけ》に担当させている。

明治21年(1888)8月、浜松〜大府間55マイル43チェーン(約89・4キロ)がほぼ完成し、同年9月1日に開業した。途中駅は、馬郡《まごおり》(現・舞阪)、鷲津、豊橋、御油《ごゆ》(現・愛知御津《あいちみと》)、蒲郡、岡崎、苅谷(現・刈谷)である。【表55】のとおり、1日に3往復の列車が設定された。浜松〜名古屋間の所要時間は、下り3時間53分、上り3時間55分で、表定速度は時速28キロであった。

浜松〜大府間の開業に伴い、大府〜武豊間12マイル54チェーン(約20・4キロ)は、【表56】のように1日2往復の列車が走るにすぎない支線となった。同区間の所要時間は下り55分、上り54分であった。

明治22年(1889)4月16日の時刻改正では【表57】のように1往復増発して3往復となった。着時刻は筆者の推定である。

また、武豊駅は明治25年（1892）6月1日に名古屋側へ移されたと前述したが、廃線となった約1キロは、大正4年（1915）2月15日から海岸支線として貸切り扱いの貨物取扱線に使用され、翌大正5年（1916）4月1日に廃止されている。時代は下って昭和5年（1930）4月1日、旧武豊駅は貨物駅の武豊港駅として開業する。しかし、それも昭和40年（1965）8月20日に廃止されている。旧駅付近には「武豊停車場跡地」の記念碑が立ち、その奥には転車台が保存されている。レールが十文字に交差した、珍しい直角二線式の転車台である。

【表55】明治21年9月1日／浜松～大府間開業

●下り

浜　松発	555	1355	1755
馬　郡発	617	1417	1817
鷲　津発	637	1437	1837
豊　橋発	712	1512	1912
御　油発	729	1529	1929
蒲　郡発	746	1546	1946
岡　崎発	817	1617	2017
苅　谷発	849	1649	2049
大　府発	900	1700	2100
大　高発	917	1717	2117
熱　田発	933	1733	2133
名古屋着↓	948	1748	2148

●上り

名古屋発	910	1310	1710
熱　田発	930	1330	1730
大　高発	943	1343	1743
大　府発	1000	1400	1800
苅　谷発	1011	1411	1811
岡　崎発	1044	1444	1844
蒲　郡発	1113	1513	1913
御　油発	1131	1531	1931
豊　橋発	1152	1552	1952
鷲　津発	1227	1627	2027
馬　郡発	1247	1647	2047
浜　松着↓	1305	1705	2105

【表56】明治21年9月1日／大府～武豊間

●下り

武　豊発	750	1550
半　田発	806	1606
亀　崎発	820	1620
大　府着↓	845	1645

●上り

大　府発	1003	1803
亀　崎発	1031	1831
半　田発	1043	1843
武　豊着↓	1057	1857

【表57】明治22年４月16日／大府〜武豊間 時刻改正

●下り

武　豊発	810	1140	1610
大　府着 ↓	905	1235	1705

●上り

大　府発	920	1410	1805
武　豊着 ↓	1015	1505	1900

「武豊停車場跡地」の碑（上）と、旧・武豊港〜現・武豊駅間に残る廃線跡（下）

国府津～御殿場～沼津～静岡間の開業――１日わずか２往復で運転開始――

国府津から松田を経て御殿場に至る区間は、箱根の峻険な山岳を越えるために勾配を緩和しなければならず、計画では１０００分の25の急勾配が延長10マイル、約16・１キロに及んでいる。そのため、工事は困難を極め、土砂を削り取る量も莫大であった。また、山北～御殿場間ではわずか５マイルの間に７カ所も隧道を掘らねばならなかった。最長は第二号隧道で約１９００フィート（約５７９・５メートル）、以下第三号、第一号、第五号、第四号、第七号、第六号の順である。この区間はまた、特に酒匂川上流で橋台を高くする必要があるなど、工事にはさまざまな困苦が伴ったという。

御殿場～沼津間では工事上の困難はほとんどなかった。しかし、数回の洪水によって築堤が破壊される事態に見舞われている。そうした困難を乗り越え、明治22年（１８８９）１月に御殿場～沼津間は竣工した。それに伴い、２月１日には国府津～静岡間71マイル27チェーン（約１１４・８キロ）が開通した。途中の駅は、松田、山北、小山（現・駿河小山）、御殿場、佐野（現・裾野）、沼津、鈴川（現・吉原《よしわら》）、岩淵（現・富士川）、興津、江尻（現・清水）であった。

【表58】明治22年２月１日／国府津～静岡間開業

●下り

	(新橋発)	(新橋発)
国府津発	915	1607
松田発	933	1627
山北発	948	1645
小山発	1010	1710
御殿場発	1045	1755
佐野発	1126	1836
沼津発	1151	1901
鈴川発	1222	1932
岩淵発	1240	1950
興津発	1310	2020
江尻発	1325	2035
静岡着↓	1345	2055

●上り

静岡発	715	1435
江尻発	741	1501
興津発	753	1513
岩淵発	823	1543
鈴川発	843	1603
沼津発	915	1635
佐野発	944	1704
御殿場発	1040	1800
小山発	1102	1822
山北発	1123	1843
松田発	1133	1853
国府津着↓	1150	1910
	(新橋行)	(新橋行)

国府津～御殿場～沼津～静岡間のうち、地勢の険しい山北～沼津間は最大勾配1000分の25で、列車の運転には非常な苦労を要した区間である。【表58】のとおり、国府津～静岡間は国府津発9時15分・16時7分、静岡発7時15分・14時35分の1日2往復の列車が運転された。所要時間は4時間30～48分、表定速度は時速23・9～25・5キロであった。

明治21年（1888）3月16日の新橋～国府津間の時刻表と合わせてみると、下り新橋発6時15分の一番列車に乗れば国府津着が9時0分、国府津から上記の9時15分の列車に乗り換えると静岡着は13時45分である。所要時間は7時間30分という計算だ。現在では新幹線を利用すれば、東京～静岡間は「ひかり」で1時間前後であるが、当時としては半日で静岡まで行けることは、画期的なことであったに違いない。そのほか、接続が良さそうな列車は上りの国府津着11時50分だが、新橋へ向けて同時刻に発車する列車に乗れたかどうかは不明である。

静岡～浜松間の開業――新橋～長浜間に1往復――

明治22年（１８８９）４月16日、残された静岡～浜松間47マイル30チェーン（約76・３キロ）が開通した。静岡～浜松間には焼津、藤枝、島田、堀ノ内（現・菊川）、掛川、袋井、中泉（現・磐田）の各駅が開設された。これによって新橋～長浜間が全通したことになる。

新橋～長浜間２８５マイル55チェーン（約４５９・８キロ）には、１日１往復の直通列車が運転された。時刻表は【表59】のとおりである。下りは、新橋発６時０分、静岡着11時40分・浜松着13時55分・名古屋着17時50分、終点長浜着は21時０分で、所要時間は15時間、表定速度は時速30・７キロである。上りは、長浜発６時０分、名古屋着８時35分・浜松着11時50分・静岡着14時０分・新橋着20時25分。下りに比べて所要時間は短く、14時間25分、表定速度は時速31・９キロとなっている。さらに、太湖汽船との接続を合わせて考えると、下り大阪着は翌日８時25分、上り大阪発19時６分で、新橋～大阪間の所要時間は下り26時間25分、上り25時間19分となる。これが東海道線全通直前の所要時間であった。

●上り

長浜	発	・・	・・	600	1000	1400	1800
名古屋	着	・・	・・	835	1300	1700	2100
	発	・・	・・	840	1315	1715	・・
浜松	着	・・	・・	1150	1700	2100	・・
	発	・・	800	1155	1705	・・	・・
中泉	発	・・	819	1213	1724	・・	・・
袋井	発	・・	833	1225	1735	・・	・・
掛川	発	・・	852	1241	1755	・・	・・
堀ノ内	発	・・	908	1256	1811	・・	・・
島田	発	・・	935	1317	1838	・・	・・
藤枝	発	・・	951	1329	1854	・・	・・
焼津	発	・・	1007	1340	1911	・・	・・
静岡	着	・・	1030	1400	1935	・・	・・
	発	620	1045	1405	・・	・・	・・
国府津	発	1028	1455	1815	・・	・・	・・
横浜	着	1155	1620	1940	・・	・・	・・
	発	1200	1625	1945	・・	・・	・・
新橋	着↓	1240	1715	2025	・・	・・	・・

この時刻表ではそのほかに、下り新橋〜名古屋間1本（所要時間11時間50分）、静岡〜長浜間1本（所要時間9時間25分）、名古屋〜長浜間2本（所要時間2時間50分〜3時間）、新橋〜静岡間1本（所要時間5時間56分）が設定された。上りは、静岡〜新橋間1本（所要時間6時間20分）、浜松〜新橋間1本（所要時間9時間15分）、長浜〜静岡間1本（所要時間9時間35分）、長浜〜浜松間1本（所要時間7時間）、長浜〜名古屋間1本（所要時間3時間）が走っていた。

明治22年（1889）12月31日の調査では、静岡県の人口は108万6536人で静岡市は3万9261人、愛知県は146万5753人で名古屋市は12万5126人であった。日本の

【表59】明治22年４月16日／新橋〜長浜間の列車時刻表

●下り

新　橋	発	‥	‥	‥	600	1000	1330
横　浜	着	‥	‥	‥	640	1050	1420
	発	‥	‥	‥	645	1055	1425
国府津	発	‥	‥	‥	805	1220	1545
静　岡	着	‥	‥	‥	1140	1555	1926
	発	‥	‥	735	1145	1600	‥
焼　津	発	‥	‥	758	1208	1621	‥
藤　枝	発	‥	‥	810	1220	1632	‥
島　田	発	‥	‥	821	1234	1643	‥
堀ノ内	発	‥	‥	841	1255	1703	‥
掛　川	発	‥	‥	857	1310	1718	‥
袋　井	発	‥	‥	913	1325	1735	‥
中　泉	発	‥	‥	927	1337	1747	‥
浜　松	着	‥	‥	945	1355	1805	‥
	発	‥	‥	950	1405	1810	‥
名古屋	着	‥	‥	1345	1750	2150	‥
	発	640	1000	1400	1800	‥	‥
長　浜	着↓	930	1300	1700	2100	‥	‥

総人口は４０００万人を突破して４００７万２０２０人。ちなみに、東京府は１１３万８４４７人であった。

横須賀線の開業
——突如開業した路線——

明治19年（１８８６）６月、陸海軍大臣は横須賀・観音崎方面に至る鉄道敷設の件を閣議に提出した。横須賀は軍港所在地、観音崎は東京湾口を護る砲台所在地であり、どちらも帝都防衛のための重要な拠点である。しかし、そこへの交通は海運のみであり、天候によってその運航は左右されてしまう。その解決策としての鉄道敷設の要求であった。政府は翌20年（1887）5月、鉄道局長に40万円の予算での鉄道建設を命じる。それを受けて同年7月から測量を開始、翌21年（1888）1月に工事に着手した。

東海道線が全通する直前の明治22年（1889）6月16日、【表60】に見られるように大船～横須賀間10マイル3チェーン（約16・2キロ）が開業した。途中駅は鎌倉、逗子である。当初は1日4往復で、同区間の所要時間は45分、表定速度は時速21・6キロであった。現在の横須賀線からは全く想像がつかない本数である。

【表60】明治22年6月16日／大船～横須賀間開業

●下り

大　船 発	930	1130	1615	1935
鎌　倉 発	944	1144	1629	1949
逗　子 発	956	1156	1641	2001
横須賀 着	1015	1215	1700	2020

●上り

横須賀 発	715	1030	1455	1815
逗　子 発	736	1051	1516	1835
鎌　倉 発	748	1103	1528	1848
大　船 着	800	1115	1540	1900

湖東線の建設――東海道線最後の区間――

湖東線の大津～長浜間は、横浜～長浜間の全通後、東海道線で最後に残った区間である。この区間は明治13年（1880）7月に京都～大津間が開通し、同15年（1882）3月には長浜～金ケ崎間が柳ケ瀬隧道を除いて開通、同年5月1日からは太湖汽船により、大津～長浜間の湖上運送が開始された。その後、明治16年（1883）5月に長浜～関ケ原間が開通し、同17年

（１８８４）４月には長浜〜金ケ崎間が全通、５月には関ケ原〜大垣間が開通した。しかし、大津〜長浜間は依然として湖上運送が継続されていた。船による運航は、風波による運行の乱れや乗り換えなど、鉄道に比べて不便が多かった。そこで、地元を中心に大津〜長浜間の鉄道建設の動きが起きてくる。

明治17年10月４日、元彦根藩主・井伊直憲《なおのり》ほか滋賀県民40人余が工部省に請願している。同月28日、工部卿・佐佐木高行は請願者に対する指令案を添えて太政大臣に上申。この上申は11月14日に却下され、工部卿は滋賀県に対して指令案のとおり指令した。この指令は、鉄道の敷設には順序があり、目下の建設は困難である。ただ、大津〜長浜間の鉄道はすでに官設と決定していて、都合がつけば着工することができる、というものであった。

明治20年３月30日には井伊直憲ほか滋賀県・三重県・京都府の住民10人が、関西鉄道会社の設立に関して政府に請願した。それに対して政府は、大津〜長浜間の鉄道については官設につき追って沙汰を待つようにと、以前と同様の指令を伝える。そこで、鉄道公債を増募する際には、当路線の建設費用を繰り込んでほしい旨を伝え、さらに滋賀・三重県知事は、建設費用なども発起人が負担したい旨請願すると副申した。

これに関して政府は、鉄道局長・井上勝に意見を求める。鉄道局長は４月６日、現在着手している横浜〜熱田間の鉄道敷設が竣工に至ればぜひ連絡したい、出願者の費用負担を許可するかどうかについては難しい、という主旨の答申をした。それを受けて政府は「追テ何分ノ指令ニ及フヘシ」と通達した。

それとは別に井伊直憲ら発起人は4月6日、滋賀県知事に対して大津〜長浜間の鉄道の早期建設を請願した。また、4月8日には井上鉄道局長は内閣総理大臣に上申書を提出している。横浜〜熱田間が明治22年（1889）中に竣工するのと同時に湖東線も竣工するならば、翌年の夏には着手するべきだ、という内容であった。さらに12月20日、鉄道局長は内閣総理大臣に対して再び上申する。資金は東海道鉄道建設資金のうちから一時流用し、測量と建設に着手することを提案したものである。これを受けた政府は、翌明治21年（1888）1月11日、大津〜長浜間の鉄道は東海道鉄道建設費から運用して建設に着手することを指令した。

ただちに測量が開始され、5月15日には全区間を8区に分けて着工された。工事には神戸建築課長・飯田俊徳のもと、二等技手・武者満歌《むしゃまんか》と同・木寺則好が従事した。この区間には琵琶湖に流入・流出する河川があり、延長500フィート（約152・4メートル）を超える橋梁が犬上川、愛知《えち》川、日野川（仁保川）、野洲川、瀬田川である。また、隧道は屋ノ棟（のち家棟）川（170フィート［約51・8メートル］）、草津川（224フィート［約68・3メートル］）、狼川（124フィート［約37・8メートル］）の天井川の隧道で、明治21年12月には完成している。

湖東線の開通――東海道線が全通する――

明治22年7月1日、馬場（現・膳所）～米原間35マイル67チェーン（約57・7キロ）をはじめ、米原～長浜間4マイル50チェーン（約7・4キロ）、米原～深谷《ふかたに》間7マイル35チェーン（約12キロ）が開通し、新橋～神戸間の東海道線が全通した。この間には、長岡（現・近江長岡）、米原、彦根、能登川、八幡（現・近江八幡）、草津の各駅が設置された。

この結果、馬場～米原～長岡を経由し、春照～関ケ原間の深谷に至る新線が東海道線となった。これと同時に長浜～深谷間は休止となるが、のちの明治24年（1891）1月に貨物線として運転を再開。しかし、明治29年（1896）年11月には再び運転を休止している。また、長浜は米原からの北陸線の1駅となり、大津～長浜間の太湖汽船は廃止され、わずか7年間でその使命を終えた。

こうして東海道線、新橋～神戸間376マイル31チェーン（約605・7キロ）は全通した。東海道線全線初の時刻表は【表61】のとおりである。

蒲　郡	発	・・	・・	1147	1610	2017	・・	247
岡　崎	発	・・	・・	1223	1643	2048	・・	320
苅　谷	発	・・	・・	1253	1713	2115	・・	レ
大　府	発	・・	・・	1306	1727	2128	・・	402
大　高	発	・・	・・	1322	1744	2144	・・	レ
熱　田	発	・・	・・	1334	1756	2156	・・	レ
名古屋	着	・・	・・	1348	1810	2210	・・	440
	発	942	1150	1400	1815	・・	・・	500
清　洲	発	1000	1202	1417	1830	・・	・・	515
一ノ宮	発	1021	1225	1436	1848	・・	・・	533
木曽川	発	1034	1237	1448	1859	・・	・・	544
岐　阜	発	1053	1300	1506	1917	・・	・・	600
大　垣	発	1124	1328	1537	1947	・・	・・	628
垂　井	発	1144	1347	1555	2004	・・	・・	647
関ケ原	発	1206	1403	1618	2020	・・	・・	702
長　岡	発	1234	1426	1641	レ	・・	・・	レ
米　原	発	1300	1449	1707	2100	・・	・・	745
彦　根	発	1318	1502	1725	2111	・・	・・	758
能登川	発	1348	1527	1753	レ	・・	・・	824
八　幡	発	1420	1544	1814	2150	・・	・・	842
草　津	発	1453	1617	1846	2223	・・	・・	913
馬　場	発	1515	1640	1910	2244	・・	・・	934
大　谷	発	1525	1649	1919	2253	・・	・・	943
山　科	発	1536	1701	1930	2303	・・	・・	953
稲　荷	発	1550	1715	1944	レ	・・	・・	レ
京　都	着	1556	1721	1950	2320	・・	・・	1010
	発	1605	1735	2000	・・	・・	・・	1014
向日町	発	1619	1748	2017	・・	・・	・・	1026
山　崎	発	1634	1804	2035	・・	・・	・・	レ
高　槻	発	1648	1819	2050	・・	・・	・・	1053
茨　木	発	1700	1832	2108	・・	・・	・・	1105
吹　田	発	1716	1851	2125	・・	・・	・・	1122
大　阪	着	1730	1908	2145	・・	・・	・・	1139
	発	1735	1920	2150	・・	・・	・・	1145
神　崎	発	1749	1938	2207	・・	・・	・・	1201
西ノ宮	発	1805	1958	2223	・・	・・	・・	1218
住　吉	発	1822	2015	2238	・・	・・	・・	レ
三ノ宮	発	1837	2030	2253	・・	・・	・・	1246
神　戸	着↓	1842	2035	2258	・・	・・	・・	1250

【表61-1】明治22年7月1日／東海道線 新橋〜神戸間全通

●新橋〜神戸間 下り

新橋発	‥	‥	‥	610	942	1430	1645
品川発	‥	‥	‥	618	953	1438	1653
大森発	‥	‥	‥	レ	レ	1446	レ
川崎発	‥	‥	‥	レ	レ	1457	レ
鶴見発	‥	‥	‥	レ	レ	1504	レ
神奈川発	‥	‥	‥	レ	レ	1515	1725
横浜発	‥	‥	‥	655	1030	1525	1735
程ケ谷発	‥	‥	‥	702	1037	1532	1742
戸塚発	‥	‥	‥	718	1057	1552	1802
大船発	‥	‥	‥	729	1108	1601	1812
藤沢発	‥	‥	‥	740	1118	1611	1822
平塚発	‥	‥	‥	802	1139	1631	1842
大磯発	‥	‥	‥	809	1146	1638	1849
国府津発	‥	‥	‥	832	1212	1705	1910
松田発	‥	‥	‥	849	1228	1721	1942
山北発	‥	‥	‥	903	1243	1736	レ
小山発	‥	‥	‥	925	1304	1757	2032
御殿場発	‥	‥	‥	952	1332	1824	2059
佐野発	‥	‥	‥	1020	1406	1852	2124
沼津発	‥	‥	‥	1040	1426	1915	レ
鈴川発	‥	‥	‥	1106	1455	1941	レ
岩淵発	‥	‥	‥	1124	1513	2000	2206
興津発	‥	‥	‥	1148	1539	2028	2229
江尻発	‥	‥	‥	1158	1549	2038	レ
静岡着	‥	‥	‥	1214	1609	2100	2254
静岡発	‥	‥	715	1219	1615	‥	2259
焼津発	‥	‥	736	1240	1636	‥	レ
藤枝発	‥	‥	749	1251	1649	‥	レ
島田発	‥	‥	805	1304	1705	‥	2342
堀ノ内発	‥	‥	836	1334	1736	‥	012
掛川発	‥	‥	850	1347	1750	‥	レ
袋井発	‥	‥	907	1403	1807	‥	レ
中泉発	‥	‥	922	1418	1822	‥	レ
浜松発	‥	‥	1000	1440	1845	‥	116
舞坂発	‥	‥	1019	1457	1902	‥	レ
鷲津発	‥	‥	1037	1512	1917	‥	レ
豊橋発	‥	‥	1110	1539	1945	‥	214
御油発	‥	‥	1128	1554	2001	‥	レ

蒲　郡発	‥	754	1254	1608	‥	‥	244
御　油発	‥	812	1312	1624	‥	‥	レ
豊　橋発	‥	830	1330	1642	‥	‥	317
鷲　津発	‥	901	1401	1713	‥	‥	レ
舞　坂発	‥	918	1418	1730	‥	‥	レ
浜　松発	‥	945	1445	1800	‥	‥	428
中　泉発	‥	1004	1504	1821	‥	‥	レ
袋　井発	‥	1020	1520	1837	‥	‥	レ
掛　川発	‥	1036	1538	1855	‥	‥	レ
堀ノ内発	‥	1054	1557	1914	‥	‥	532
島　田発	‥	1127	1632	1949	‥	‥	607
藤　枝発	‥	1142	1648	2005	‥	‥	623
焼　津発	‥	1157	1705	2021	‥	‥	637
静　岡着	‥	1217	1725	2040	‥	‥	656
静　岡発	1030	1245	1735	‥	‥	‥	708
江　尻発	1049	1304	1754	‥	‥	‥	726
興　津発	1059	1314	1804	‥	‥	‥	736
岩　淵発	1126	1340	1830	‥	‥	‥	800
鈴　川発	1144	1354	1844	‥	‥	‥	レ
沼　津発	1214	1424	1914	‥	‥	‥	843
佐　野発	1240	1450	1940	‥	‥	‥	906
御殿場発	1329	1538	2028	‥	‥	‥	955
小　山発	1352	1602	2052	‥	‥	‥	1018
山　北発	1415	1625	2115	‥	‥	‥	1040
松　田発	1425	1636	2125	‥	‥	‥	レ
国府津発	1447	1657	2146	‥	‥	‥	1110
大　磯発	1503	1713	レ	‥	‥	‥	1126
平　塚発	1511	1721	レ	‥	‥	‥	1137
藤　沢発	1532	1742	2225	‥	‥	‥	1158
大　船発	1542	1752	レ	‥	‥	‥	1209
戸　塚発	1600	1804	2240	‥	‥	‥	1220
程ケ谷発	1618	1823	レ	‥	‥	‥	1238
横　浜発	1630	1835	2305	‥	‥	‥	1250
神奈川発	1635	1840	2310	‥	‥	‥	1255
鶴　見発	レ	1851	レ	‥	‥	‥	1306
川　崎発	レ	1859	レ	‥	‥	‥	1314
大　森発	レ	1910	レ	‥	‥	‥	1325
品　川発	1707	1917	2342	‥	‥	‥	1332
新　橋着↓	1715	1925	2350	‥	‥	‥	1340

【表61-2】明治22年7月1日／東海道線 新橋～神戸間全通

●新橋～神戸間 上り

神　戸発	‥	‥	‥	555	955	1355	1730
三ノ宮発	‥	‥	‥	601	1001	1401	1736
住　吉発	‥	‥	‥	615	1015	1415	1750
西ノ宮発	‥	‥	‥	629	1029	1429	1804
神　崎発	‥	‥	‥	645	1045	1445	1818
大　阪着	‥	‥	‥	700	1100	1500	1832
大　阪発	‥	‥	‥	706	1106	1506	1836
吹　田発	‥	‥	‥	723	1123	1523	1852
茨　木発	‥	‥	‥	740	1140	1540	1908
高　槻発	‥	‥	‥	752	1152	1552	1920
山　崎発	‥	‥	‥	808	1208	レ	レ
向日町発	‥	‥	‥	823	1223	1620	1948
京　都着	‥	‥	‥	835	1235	1631	2000
京　都発	‥	‥	535	840	1240	1636	2005
稲　荷発	‥	‥	レ	848	1248	1643	2012
山　科発	‥	‥	552	901	1301	1659	2025
大　谷発	‥	‥	606	917	1317	1713	2040
馬　場発	‥	‥	618	931	1330	1725	2052
草　津発	‥	‥	637	949	1349	1744	レ
八　幡発	‥	‥	710	1022	1422	1816	2149
能登川発	‥	‥	727	1039	1439	1835	レ
彦　根発	‥	‥	756	1105	1505	1908	レ
米　原発	‥	‥	813	1120	1522	1925	2242
長　岡発	‥	‥	835	1144	1544	1947	レ
関ケ原発	‥	‥	902	1208	1612	2018	2330
垂　井発	‥	‥	913	1219	1623	2029	レ
大　垣発	‥	‥	930	1236	1642	2046	2355
岐　阜発	‥	‥	957	1302	1709	2115	018
木曽川発	‥	‥	1011	1315	1723	2129	レ
一ノ宮発	‥	‥	1022	1326	1734	2141	レ
清　洲発	‥	‥	1040	1343	1752	2159	レ
名古屋着	‥	‥	1055	1358	1807	2215	104
名古屋発	‥	600	1100	1410	‥	‥	109
熱　田発	‥	616	1116	1426	‥	‥	レ
大　高発	‥	627	1127	1439	‥	‥	レ
大　府発	‥	644	1144	1456	‥	‥	141
苅　谷発	‥	654	1154	1506	‥	‥	レ
岡　崎発	‥	726	1226	1538	‥	‥	215

1325	1350	1430	1600	1645	1700	1815	1850	2030	2155	2315
1333	1359	1438	1609	1653	1709	1824	1858	2039	2204	2324
1341	赤　羽	1446	1618	レ	赤　羽	1833	1906	2048	2213	レ
1352	1450着	1457	1630	レ	1800着	1845	1917	2100	2225	レ
1359	‥	1504	1638	レ	‥	1853	1924	2108	2233	レ
1410	‥	1515	1650	1725	‥	1905	1935	2120	2245	2355
1415	‥	1520	1655	1730	‥	1910	1940	2125	2250	2400
‥	‥	1525	‥	1735	‥	‥	1945	‥	‥	‥
‥	‥	1532	‥	1742	‥	‥	1952	‥	‥	‥
‥	‥	1552	‥	1802	‥	‥	2012	‥	‥	‥
‥	‥	1600	‥	1811	‥	‥	2021	‥	‥	‥
1345	‥	‖	1605	‖	1815	‥	‖	2030	‥	‥
1359	‥	‖	1619	‖	1829	‥	‖	2044	‥	‥
1411	‥	‖	1631	‖	1841	‥	‖	2056	‥	‥
1430	‥	‖	1650	‖	1900	‥	‖	2115	‥	‥
‥	‥	1601	‥	1812	‥	‥	2023	‥	‥	‥
‥	‥	1611	‥	1822	‥	‥	2033	‥	‥	‥
‥	‥	1631	‥	1842	‥	‥	2054	‥	‥	‥
‥	‥	1638	‥	1849	‥	‥	2101	‥	‥	‥
‥	‥	1656	‥	1905	‥	‥	2120	‥	‥	‥
		静　岡 2100		神　戸 1250						

【表61-3】明治22年７月１日／東海道線 新橋～神戸間全通

●新橋～国府津・大船～横須賀間 下り

新　橋発	610	640	800	810	835	945	1050	1100	1205
品　川発	618	649	809	819	843	953	1059	1109	1213
大　森発	レ	658	813	赤　羽	レ	レ	1108	赤　羽	1221
川　崎発	レ	710	830	910着	レ	レ	1120	1200着	1232
鶴　見発	レ	718	838	‥	レ	レ	1128	‥	1239
神奈川発	レ	730	850	‥	915	レ	1140	‥	1250
横　浜着	650	735	855	‥	920	1025	1145	‥	1255
横　浜発	655	‥	900	‥	‥	1030	‥	‥	1300
程ケ谷発	702	‥	907	‥	‥	1037	‥	‥	1307
戸　塚発	718	‥	927	‥	‥	1057	‥	‥	1327
大　船着	727	‥	936	‥	‥	1106	‥	‥	1336
大　船発	‖	735	‖	945	‥	‖	‥	‥	‖
鎌　倉発	‖	749	‖	959	‥	‖	‥	‥	‖
逗　子発	‖	801	‖	1011	‥	‖	‥	‥	‖
横須賀着	‖	820	‖	1030	‥	‖	‥	‥	‖
大　船発	729	‥	938	‥	‥	1108	‥	‥	1338
藤　沢発	740	‥	949	‥	‥	1118	‥	‥	1349
平　塚発	802	‥	1010	‥	‥	1139	‥	‥	1410
大　磯発	809	‥	1017	‥	‥	1146	‥	‥	1417
国府津着	828	‥	1035	‥	‥	1204	‥	‥	1435
終　　着	京都 2320					名古屋 2210			

			静岡 1030		名古屋 600					京都 535
・・	・・	・・	1447	・・	1657	・・	・・	1925	・・	2146
・・	・・	・・	1503	・・	1713	・・	・・	1943	・・	レ
・・	・・	・・	1511	・・	1721	・・	・・	1952	・・	レ
・・	・・	・・	1532	・・	1742	・・	・・	2014	・・	2225
・・	・・	・・	1540	・・	1750	・・	・・	2022	・・	レ
・・	・・	1450	‖	1700	‖	・・	1930	‖	・・	‖
・・	・・	1509	‖	1721	‖	・・	1951	‖	・・	‖
・・	・・	1521	‖	1733	‖	・・	2003	‖	・・	‖
・・	・・	1533	‖	1745	‖	・・	2015	‖	・・	‖
・・	・・	・・	1542	・・	1752	・・	・・	2025	・・	レ
・・	・・	・・	1600	・・	1804	・・	・・	2036	・・	2240
・・	・・	・・	1618	・・	1823	・・	・・	2055	・・	レ
・・	・・	・・	1625	・・	1830	・・	・・	2102	・・	2300
1400	・・	1535	1630	1705	1835	・・	1950	2110	2205	2305
1406	・・	1541	1635	1711	1840	・・	1956	2115	2211	2310
1418	・・	1553	レ	1723	1851	・・	2008	2126	2223	レ
1426	赤羽	1601	レ	1731	1859	赤羽	2016	2134	2231	レ
1438	1515発	1613	レ	1743	1910	1910発	2028	2145	2243	レ
1446	1607	1621	1707	1752	1917	2002	2037	2152	2252	2342
1455	1615	1630	1715	1800	1925	2010	2045	2200	2300	2350

【表61-4】明治22年7月1日／東海道線 新橋〜神戸間全通

●新橋〜国府津・大船〜横須賀間 上り

始発								神戸 1730	
国府津発	・・	・・	655	・・	・・	840	・・	1110	・・
大磯発	・・	・・	711	・・	・・	856	・・	1126	・・
平塚発	・・	・・	719	・・	・・	905	・・	1137	・・
藤沢発	・・	・・	740	・・	・・	926	・・	1158	・・
大船着	・・	・・	748	・・	・・	935	・・	1207	・・
横須賀発	・・	640	‖	・・	850	‖	1115	‖	・・
逗子発	・・	701	‖	・・	909	‖	1136	‖	・・
鎌倉発	・・	713	‖	・・	920	‖	1148	‖	・・
大船着	・・	725	‖	・・	932	‖	1200	‖	・・
大船発	・・	・・	750	・・	・・	937	・・	1209	・・
戸塚発	・・	・・	801	・・	・・	950	・・	1220	・・
程ケ谷発	・・	・・	818	・・	・・	1008	・・	1238	・・
横浜着	・・	・・	825	・・	・・	1015	・・	1245	・・
横浜発	630	720	830	915	・・	1020	1130	1250	・・
神奈川発	636	726	835	920	・・	1025	1136	1255	・・
鶴見発	648	738	846	レ	・・	1036	1148	1306	・・
川崎発	659	746	854	レ	赤羽	1044	1156	1314	赤羽
大森発	708	758	905	レ	925発	1055	1208	1325	1220発
品川発	716	806	912	952	1017	1102	1216	1332	1312
新橋着↓	725	815	920	1000	1025	1110	1225	1340	1320

新橋〜神戸間の直通列車は、1往復が設定された。

初の直通列車は下りは新橋発16時45分、静岡着22時54分・名古屋着4時40分・京都着10時10分・大阪着11時39分、終着神戸には12時50分着であった。いっぽう上りは、神戸発17時30分、大阪着18時32分・京都着20時0分・名古屋着1時4分・静岡着6時56分、終着の新橋着は13時40分である。所要時間は、下りは20時間5分で表定速度は時速30・2キロ、上りは20時間10分で表定速度は時速30キロであった。

初の東海道線直通列車は、日本鉄道史上初の夜行列車でもある。しかし、20時間もぶっ通しで乗車した人がどれだけいたのか、よくわかっていない。新橋〜大阪間の所要時間は、下り18時間54分、上り19時間4分かかったが、120年余の歳月は、東京〜新大阪間を最速の「のぞみ」による2時間22分にまで短縮した。鉄道の技術は所要時間を16時間以上も短縮してしまったのである。

ほかに設定された列車は、新橋〜京都間、新橋〜名古屋間、新橋〜静岡間、静岡〜神戸間に各1往復、名古屋〜神戸間2往復である。時刻表によれば、新橋〜神戸間以外の列車のうち午後の列車は、夜になると主要駅で終点となっている。また、この時に設定された区間列車は、新橋〜横浜間9往復、新橋〜国府津間3往復、馬場〜神戸間2往復、京都〜神戸間1往復、大阪〜神戸間１往復であった（79ページ参照）。

東海道線の全通に伴って、北陸本線は、米原～長浜間を開業して米原～金ケ崎間となった。その時刻表が【表62】である。１日に３往復の列車を設定し、所要時間は下り２時間８～10分、上りは１時間59分～２時間15分となっている。

また、大府～武豊間の列車は【表63】のように時刻改正されている。

【表62】明治22年７月１日／米原～金ケ崎間

●下り

米　原発	820	1525	1930
長　浜発	841	1546	1951
高　月発	902	1607	2012
井ノ口発	907	1613	2018
木ノ本発	914	1620	2025
中ノ郷発	927	1633	2038
柳ケ瀬発	942	1648	2055
疋　田発	1007	1712	2119
敦　賀発	1025	1729	2135
金ケ崎着↓	1030	1733	2140

●上り

金ケ崎発	540	1215	1450
敦　賀発	545	1220	1455
疋　田発	600	1236	1510
柳ケ瀬発	632	1310	1543
中ノ郷発	642	1321	1553
木ノ本発	652	1335	1603
井ノ口発	658	1341	1612
高　月発	703	1347	1617
長　浜発	724	1415	1640
米　原着↓	739	1430	1655

【表63】明治22年７月１日／大府～武豊間

●下り

武　豊発	540	1040	1620
半　田発	556	1056	1636
亀　崎発	610	1110	1650
大　府着↓	635	1135	1715

●上り

大　府発	855	1500	1735
亀　崎発	923	1528	1753
半　田発	935	1540	1805
武　豊着↓	950	1555	1830

本線から姿を消した長浜――太湖汽船もまた――

「長浜鉄道スクエア」となった旧長浜駅舎

この東海道線の全通で、主役から脇役に転身したのが長浜である。前掲の【表59】（122〜123ページ）を見ると、全通前の東海道線の終点は長浜であり、現代からすると違和感がある。

現在、長浜は滋賀県北東部、琵琶湖岸に位置する市であるが、市制を敷いたのは昭和18年（1943）なので、当時は市ではなかった。豊臣秀吉が織田信長から浅井氏の旧領を受けて築城し、その際に長浜と改称した地である。

長浜のある湖北地方の冬は雪深く、農家の副業には養蚕が行なわれ、県下第一の養蚕地帯であった。これを背景に、長浜は絹工業地として発達した。丹後ちりめんの技術的伝統を引き継ぐ「浜ちりめん」機業や、真綿の製造が中心であったが、今日では別珍《べっちん》やビロード織がこれに代わっている。別珍

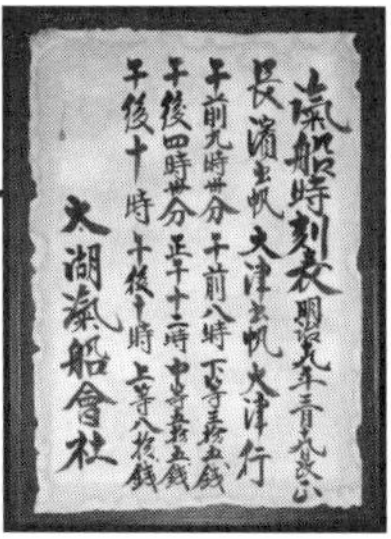

「長浜鉄道スクエア」内の展示（左）。壁には汽船・湖水丸の絵と、太湖汽船会社の時刻表（上）が掲げられている

鼻緒は全国生産高の大部分がここで生産され、また蚊帳《かや》の産地としても知られる。このほか繊維、合成樹脂、機械、合板などの大工場があり、滋賀県工業技術総合センター、滋賀県東北部工業技術センターなどもある。湖岸の豊《ほう》公園は秀吉の居城の跡で、景観に富んでいる。

旧長浜駅は鉄道から連絡船、連絡船から鉄道への接点であった。明治15年（1882）3月に建設された駅舎は、現存するわが国最古のものとして、昭和33年（1958）に鉄道記念物に指定された。昭和37年（1962）と同54年（1979）に復元工事が実施され、現在は「長浜鉄道スクエア」となって一般に公開されている。当時としては珍しいコンクリート造りの2階建てで、屋根は日本瓦葺きの洋風建築である。建物は、東西24・5メートル、南北9・7メートル、面積は1階、2階ともに214・9平方メートル、総面積429・8平方メートル。駅舎は、1階に旅客待合室と駅務室、2階には建築事務所の建築、汽車、倉庫、経理の各課があった。当時、長浜駅には機関車庫、客車庫、貨物倉庫が設けられていた。機関車庫には機関車を6両、客車庫には客車20両がそれぞれ収容できた。このほかに車両工場が設けられていた。

いっぽう、太湖汽船は当初は鉄道局の指導・監督を受け、その営業年限は30年間と定められていた。明治15年（1882）5月1日に大津～長浜間の連絡運輸は開始された。しかし、前記のように明治22年（1889）7月1日に湖東線が開通し、東海道線が全通すると、太湖汽船の連絡運輸は必要なくなったのである。そうすると、太湖汽船としては補助金が廃止されることになり、大きな痛手をこうむることになる。そこで会社は、その救済手段として鉄船2艘《そう》の買い上げ、または海上運航ができるように改造する費用の支給、または営業年限中の従来どおりの補助金の支給のいずれかを認めてほしい旨を、井上鉄道局長に申し出た。営業年限中の従来どおりの補助金とは、年額1万2000円の補助金で、営業年限の30年から7年を差し引いた23年分のことである。井上局長は松方正義大蔵大臣に打診し、運航を打ち切るための特別補助金として鉄道局営業費中から10万円を下付するという案を得る。これに従って内閣総理大臣・山縣有朋に上申し、特別補助金10万円を下付するということで決着をみた。これをもって、7年間の連絡運輸は終焉を迎えたのである。

琵琶湖を渡る連絡船、いちどは見てみたいと思っているのは筆者だけだろうか。

第4章　東海道線全通後から『時刻表』創刊まで

明治22年（1889）7月1日に東海道線新橋〜神戸間が開業した。第4章ではそれ以降、わが国最初の月刊時刻表である『汽車汽船旅行案内』が創刊される明治27年（1894）10月5日までの時刻表を探っていきたい。

東海道線全通後の時刻改正——明治24年1月12日時刻改正——

明治22年7月1日に新橋〜神戸間が全通した。当日の時刻改正では、すでに【表61】（128〜135ページ）で示したとおり、次の列車が設定されていた。

・新　橋〜神　戸間　1往復
・新　橋〜京　都間　1往復
・新　橋〜名古屋間　1往復
・新　橋〜静　岡間　1往復
・静　岡〜神　戸間　1往復
・名古屋〜神　戸間　2往復

翌明治23年（１８９０）７月25日には、新橋〜浜松間に１往復を設定している。下りは従来から新橋発14時30分発の静岡行があり、その列車の発車時間を15時台へ繰り下げて、そのまま浜松まで延長、浜松に23時台着とした。上りは従来の静岡発10時30分の新橋行を６時台に移し、浜松発６時台、新橋着15時台の列車を新設したのだと、のちの時刻表から推定される。

続く明治24年（１８９１）１月12日に時刻改正を実施している。この改正では新橋〜神戸間に１往復増発され、次のようになった。

▼改正前
【下り】　新橋発　16時45分　↓　神戸着　12時50分（所要時間20時間５分）
【上り】　神戸発　17時30分　↓　新橋着　13時40分（所要時間20時間10分）

▼改正後
【下り】　新橋発　11時40分　↓　神戸着　８時５分（所要時間20時間25分）
　　　　　新橋発　21時50分　↓　神戸着　18時10分（所要時間20時間20分）
【上り】　神戸発　12時０分　↓　新橋着　８時30分（所要時間20時間30分）
　　　　　神戸発　21時30分　↓　新橋着　17時35分（所要時間20時間５分）

改正前の時刻とは全く異なり、1本は目的地に翌朝到着する列車、1本は出発地を夜出発する列車とした。改正前はほぼ浜松～名古屋間が深夜に通過することとなっていたが、改正後はほぼ岐阜～京都間、御殿場～島田間に変更されている。

さらに、新橋～京都間1往復は京都～大阪間を延長し、新橋～大阪間列車となった。

▼改正前

【下り】 新橋発 6時10分 → 京都着 23時20分（所要時間17時間10分）

【上り】 京都発 5時35分 → 新橋着 23時50分（所要時間18時間15分）

▼改正後

【下り】 新橋発 6時0分 → 大阪着 0時30分（所要時間18時間30分）

【上り】 大阪発 4時45分 → 新橋着 23時50分（所要時間19時間5分）

新橋～名古屋間1往復は次のようになった。発時刻が下りは1時間37分繰り上がり、かつ速度が低下し、上りは2時間20分繰り下げている。

▼改正前
【下り】新　橋発　9時42分　↓　名古屋着　22時10分（所要時間12時間28分）
【上り】名古屋発　6時0分　↓　新　橋着　19時25分（所要時間13時間25分）
▼改正後
【下り】新　橋発　8時5分　↓　名古屋着　21時30分（所要時間13時間25分）
【上り】名古屋発　8時20分　↓　新　橋着　21時45分（所要時間13時間25分）

改正前に2往復あった、名古屋〜神戸間列車1往復が廃止され、次のように1往復となった。

▼改正前
【下り】名古屋発　9時42分　↓　神　戸着　18時42分（所要時間9時間0分）
　　　　名古屋発　11時50分　↓　神　戸着　20時35分（所要時間8時間45分）
【上り】神　戸発　9時55分　↓　名古屋着　18時7分（所要時間8時間12分）
　　　　神　戸発　13時55分　↓　名古屋着　22時15分（所要時間8時間20分）

▼改正後

【下り】　名古屋発　5時45分　↓　神　戸着　13時40分（所要時間7時間55分）

【上り】　神　戸発　13時50分　↓　名古屋着　22時5分（所要時間8時間15分）

下りは名古屋発が早朝の5時45分となり、上りは改正前神戸発13時55分発とほぼ同じ13時50分となっている。この1往復のみとなった。

また、この時刻改正では、浜松〜神戸間に1往復が新設された。

▼改正後

【下り】　浜松発　11時55分　↓　神戸着　0時18分（所要時間12時間23分）

【上り】　神戸発　8時55分　↓　浜松着　20時15分（所要時間11時間20分）

明治23年（1890）7月25日に新設された新橋〜浜松間1往復は次のとおりである。

▼改正後

【下り】新橋発　14時20分　↓　浜松着　23時23分（所要時間９時３分）
【上り】浜松着　６時15分　↓　新橋着　15時50分（所要時間９時35分）

さらに次の２往復が設定された。

▼改正後
【下り】新橋発　15時35分　↓　静岡着　22時10分（所要時間　６時間35分）
【上り】静岡発　５時15分　↓　新橋着　12時10分（所要時間　６時間55分）
【下り】静岡発　６時０分　↓　神戸着　21時22分（所要時間　15時間22分）
【上り】神戸発　６時15分　↓　静岡着　20時20分（所要時間　14時間５分）

以上をまとめると、明治23年７月25日及び翌24年１月12日の時刻改正では、以下の９往復が設定されたことになる。

・新橋～神戸間　2往復
・新橋～大阪間　1往復
・新橋～名古屋間　1往復
・新橋～浜松間　1往復
・新橋～静岡間　1往復
・静岡～神戸間　1往復
・浜松～神戸間　1往復
・名古屋～神戸間　1往復

明治25年4月16日の時刻改正

明治24年（1891）5月1日に実施された時刻改正では、米原～神戸間に1往復が新設されたほか、新橋～名古屋間1往復が新橋～大垣間へ、新橋～大阪間下り1本が新橋～神戸間へと延長された。

『鉄道運輸年表〈最新版〉』によれば明治24年6月1日には東海道線小山（現・駿河小山）～沼

津間の複線工事完成によって表定速度が向上し、新橋～神戸間の所要時間を最大30分短縮したとあるが、定かではない。

この年の10月28日午前6時38分、濃尾地震が発生した。マグニチュード８・０、最大震度７相当を記録し、死者７２７３人、負傷者1万７１７５人、全壊家屋は14万２１７７戸に及んでいる。

この震災で浜松～米原間は不通となる。復旧は翌25年（１８９２）４月16日となっている。明治25年1月23日付の「官報」２５６７号附録の「全國鐵道發車時刻表」によれば、木曽川～大垣間が不通と思われ、次のように記されている。

【下り】

名古屋発	6時0分	↓	木曽川着	6時43分
名古屋発	9時43分	↓	木曽川着	10時27分
静　岡発	6時0分	↓	木曽川着	13時35分
浜　松発	11時55分	↓	木曽川着	16時25分
新　橋発	6時0分	↓	木曽川着	18時45分
新　橋発	8時0分	↓	名古屋着	20時0分
新　橋発	11時40分	↓	名古屋着	24時0分

【上り】

新　橋発　14時20分　↓　浜　松着　23時23分
新　橋発　15時35分　↓　静　岡着　22時10分
新　橋発　21時50分　↓　名古屋着　9時38分
静　岡発　5時14分　↓　新　橋着　12時15分
浜　松発　6時15分　↓　新　橋着　15時50分
木曽川発　5時45分　↓　新　橋着　17時35分
木曽川発　7時25分　↓　新　橋着　21時45分
木曽川発　10時27分　↓　新　橋着　23時50分
木曽川発　13時14分　↓　静　岡着　20時52分
木曽川発　16時4分　↓　浜　松着　20時15分
木曽川発　19時11分　↓　新　橋着　8時30分
木曽川発　22時0分　↓　名古屋着　22時43分

【下り】

大　垣発　6時30分　↓　神　戸着　13時30分
大　垣発　10時55分　↓　神　戸着　17時47分

【上り】

大垣発	14時55分	神戸着	21時41分
大垣発	17時50分	大阪着	23時20分
大垣発	20時50分	京都着	0時45分
大垣発	23時45分	神戸着	6時10分
京都発	5時40分	大垣着	9時12分
神戸発	5時30分	大垣着	12時0分
神戸発	8時20分	大垣着	14時52分
神戸発	10時45分	大垣着	17時27分
神戸発	13時55分	大垣着	20時35分
神戸発	18時18分	大垣着	0時50分

木曽川～大垣間は、現在であればバスで連絡するところであるが、どのように連絡していたのであろうか。興味のあるところである。

濃尾地震の不通箇所が復旧し、明治25年（1892）4月16日に時刻改正を実施した。その時刻表は【表64】のとおりである。

豊橋発	・・	・・	1008	1300	1546	1809	2158	・・	・・	720
御油発	・・	・・	1024	1318	1601	1824	2215	・・	・・	739
蒲郡発	・・	・・	1040	1335	1616	1840	レ	・・	・・	755
岡崎発	・・	・・	1110	1405	1640	1906	2254	・・	・・	821
安城発	・・	・・	1125	レ	1653	レ	レ	・・	・・	835
苅谷発	・・	・・	1141	1435	1707	1933	レ	・・	・・	850
大府発	・・	・・	1154	1447	1720	1943	2328	・・	・・	859
大高発	・・	・・	1208	1502	レ	1957	レ	・・	・・	913
熱田発	・・	・・	1219	1514	1742	2008	レ	・・	・・	924
名古屋発	・・	540	1250	1540	1810	2050	005	・・	・・	942
清洲発	・・	556	1306	1555	1823	2108	レ	・・	・・	956
一ノ宮発	・・	613	1328	1615	1837	2131	レ	・・	・・	1014
木曽川発	・・	624	1340	1627	1847	2145	レ	・・	・・	1028
岐阜発	・・	638	1356	1645	1904	2215	057	・・	・・	1044
大垣着	・・	700	1419	1712	1927	2240	121	・・	・・	1110
大垣発	・・	705	1423	1720	1931	・・	125	・・	・・	1125
垂井発	・・	723	1442	1740	1947	・・	レ	・・	・・	1143
関ケ原発	・・	739	1458	1803	2002	・・	155	・・	・・	1205
長岡発	・・	800	1522	1824	レ	・・	レ	・・	・・	1227
米原着	・・	820	1542	1842	2041	・・	235	・・	・・	1245
米原発	540	832	1547	1847	2046	・・	242	・・	・・	1250
彦根発	554	843	1559	1900	2056	・・	253	・・	・・	1303
能登川発	620	908	1635	1925	レ	・・	レ	・・	・・	1330
八幡発	637	924	1656	1942	2130	・・	329	・・	・・	1345
野洲発	654	940	1715	レ	レ	・・	レ	・・	・・	1402
草津発	709	955	1735	2013	2159	・・	356	・・	・・	1418
馬場発	735	1018	1800	2036	2220	・・	417	・・	・・	1440
大谷発	745	1027	1810	2045	レ	・・	レ	・・	・・	1450
山科発	758	1039	1823	2057	2237	・・	435	・・	・・	1503
稲荷発	814	1054	1837	2110	レ	・・	レ	・・	・・	1517
京都発	827	1105	1850	2121	2257	・・	500	・・	・・	1530
向日町発	841	1118	1903	2133	レ	・・	512	・・	・・	1543
山崎発	859	1134	1920	2149	レ	・・	527	・・	・・	1559
高槻発	917	1149	1933	2204	2334	・・	539	・・	・・	1614
茨木発	929	1202	1945	2216	レ	・・	550	・・	・・	1627
吹田発	944	1216	2001	2231	レ	・・	レ	・・	・・	1643
大阪着	959	1231	2015	2246	010	・・	616	・・	・・	1700
大阪発	1004	1236	2020	2251	020	・・	620	・・	・・	1705
神崎発	1018	1249	レ	2303	レ	・・	レ	・・	・・	1719
西ノ宮発	1035	1304	2048	2319	052	・・	647	・・	・・	1735
住吉発	1052	1320	2105	レ	レ	・・	702	・・	・・	1750
三ノ宮発	1107	1335	2120	2349	126	・・	717	・・	・・	1805
神戸着↓	1112	1340	2125	2354	131	・・	722	・・	・・	1810

【表64-1】明治25年４月16日／東海道線 新橋〜神戸間 時刻改正

●下り

新橋発	・・	・・	・・	・・	600	800	1140	1420	1535	2150
品川発	・・	・・	・・	・・	608	809	1149	1428	1544	2158
大森発	・・	・・	・・	・・	レ	818	1158	レ	1553	レ
川崎発	・・	・・	・・	・・	レ	830	1209	1445	1605	レ
鶴見発	・・	・・	・・	・・	レ	838	レ	レ	レ	レ
神奈川発	・・	・・	・・	・・	640	850	1225	1500	1620	2230
横浜発	・・	・・	・・	・・	650	900	1235	1510	1630	2240
程ケ谷発	・・	・・	・・	・・	657	907	1242	1518	1640	2251
戸塚発	・・	・・	・・	・・	716	926	1300	1537	1659	レ
大船発	・・	・・	・・	・・	727	937	1310	1547	1710	レ
藤沢発	・・	・・	・・	・・	737	946	1319	1557	1721	2324
平塚発	・・	・・	・・	・・	758	1007	1338	1617	1742	レ
大磯発	・・	・・	・・	・・	805	1014	1345	1624	1749	レ
国府津発	・・	・・	・・	・・	826	1032	1405	1641	1809	008
松田発	・・	・・	・・	・・	843	1049	1423	1658	1826	レ
山北発	・・	・・	・・	・・	857	1103	1437	1711	1850	037
小山発	・・	・・	・・	・・	920	1124	1500	1734	1911	レ
御殿場発	・・	・・	・・	・・	947	1152	1528	1803	1940	124
佐野発	・・	・・	・・	・・	1015	1220	1556	1832	2009	レ
沼津発	・・	・・	・・	・・	1035	1255	1617	1910	2030	210
鈴川発	・・	・・	・・	・・	1100	1322	1646	1936	2057	234
岩淵発	・・	・・	・・	・・	1117	1339	1703	1953	2114	250
蒲原発	・・	・・	・・	・・	レ	1349	1712	レ	レ	レ
興津発	・・	・・	・・	・・	1142	1405	1728	2018	2139	313
江尻発	・・	・・	・・	・・	1151	1415	1741	2032	2150	レ
静岡着	・・	・・	・・	・・	1208	1433	1758	2050	2210	338
静岡発	・・	・・	600	・・	1225	1440	1820	2055	・・	345
焼津発	・・	・・	621	・・	1244	1501	1841	2117	・・	レ
藤枝発	・・	・・	634	・・	1254	1513	1852	2130	・・	416
島田発	・・	・・	651	・・	1307	1528	1907	2147	・・	429
金谷発	・・	・・	703	・・	1318	レ	1918	レ	・・	レ
堀ノ内発	・・	・・	723	・・	1337	1557	1937	2216	・・	457
掛川発	・・	・・	740	・・	1350	1610	1951	2231	・・	510
袋井発	・・	・・	757	・・	1404	1626	2008	2247	・・	レ
中泉発	・・	・・	814	・・	1419	1641	2023	2303	・・	538
浜松着	・・	・・	835	・・	1437	1657	2041	2323	・・	555
浜松発	・・	・・	905	1155	1444	1704	2050	・・	・・	610
舞坂発	・・	・・	922	1212	1501	1721	2108	・・	・・	629
鷲津発	・・	・・	939	1229	1517	1738	2124	・・	・・	647

岡　崎発	‥	‥	940	1237	1524	1808	2136	‥	‥	656
蒲　郡発	‥	‥	1007	1304	1549	1838	2202	‥	‥	722
御　油発	‥	‥	1023	1320	1604	1853	2216	‥	‥	736
豊　橋発	‥	‥	1040	1336	1625	1910	2231	‥	‥	751
鷲　津発	‥	‥	1112	1406	1700	1940	2300	‥	‥	819
舞　坂発	‥	‥	1130	1423	1720	1958	レ	‥	‥	836
浜　松着	‥	‥	1148	1440	1736	2015	2331	‥	‥	851
浜　松発	‥	615	1215	1450	1815	‥	2340	‥	‥	856
中　泉発	‥	634	1234	1508	1837	‥	レ	‥	‥	914
袋　井発	‥	651	1252	1522	1855	‥	013	‥	‥	927
掛　川発	‥	708	1308	1538	1914	‥	028	‥	‥	940
堀ノ内発	‥	725	1334	1555	1935	‥	044	‥	‥	952
金　谷発	‥	744	レ	1613	1953	‥	レ	‥	‥	レ
島　田発	‥	800	1401	1625	2006	‥	113	‥	‥	1018
藤　枝発	‥	815	レ	1639	2021	‥	レ	‥	‥	1032
焼　津発	‥	827	レ	1650	2032	‥	レ	‥	‥	1043
静　岡着	‥	846	1440	1708	2052	‥	156	‥	‥	1100
静　岡発	515	851	1445	1725	‥	‥	201	‥	‥	1115
江　尻発	533	909	1503	1743	‥	‥	レ	‥	‥	1130
興　津発	543	919	1513	1753	‥	‥	レ	‥	‥	1143
蒲　原発	600	937	レ	1812	‥	‥	レ	‥	‥	レ
岩　淵発	613	947	1537	1823	‥	‥	250	‥	‥	1207
鈴　川発	632	1003	1552	1839	‥	‥	304	‥	‥	1221
沼　津発	703	1034	1645	1914	‥	‥	333	‥	‥	1255
佐　野発	726	1059	1707	1935	‥	‥	353	‥	‥	1316
御殿場発	815	1150	1754	2025	‥	‥	440	‥	‥	1357
小　山発	838	1213	1818	2048	‥	‥	502	‥	‥	1419
山　北発	905	1236	1846	2112	‥	‥	540	‥	‥	1443
松　田発	916	1247	1856	レ	‥	‥	レ	‥	‥	1453
国府津発	940	1312	1917	2140	‥	‥	609	‥	‥	1513
大　磯発	958	1329	1934	2156	‥	‥	625	‥	‥	1530
平　塚発	1008	1337	1942	2204	‥	‥	632	‥	‥	1537
藤　沢発	1029	1358	2004	2222	‥	‥	653	‥	‥	1559
大　船発	1039	1409	2016	レ	‥	‥	704	‥	‥	1609
戸　塚発	1051	1420	2026	レ	‥	‥	715	‥	‥	1619
程ケ谷発	1111	1440	2045	2252	‥	‥	733	‥	‥	1638
横　浜発	1125	1455	2058	2305	‥	‥	745	‥	‥	1651
神奈川発	1130	1501	2103	2310	‥	‥	750	‥	‥	1656
鶴　見発	レ	1513	レ	レ	‥	‥	レ	‥	‥	レ
川　崎発	1148	1521	2120	レ	‥	‥	レ	‥	‥	レ
大　森発	レ	1533	レ	レ	‥	‥	レ	‥	‥	レ
品　川発	1207	1541	2137	2342	‥	‥	822	‥	‥	1727
新　橋着↓	1215	1550	2145	2350	‥	‥	830	‥	‥	1735

【表64-2】明治25年4月16日／東海道線 新橋〜神戸間 時刻改正

●上り

神　戸	発	‥	‥	‥	‥	610	855	1200	1350	1520	2140
三ノ宮	発	‥	‥	‥	‥	616	902	1206	1355	1526	2146
住　吉	発	‥	‥	‥	‥	631	918	1220	1409	レ	2200
西ノ宮	発	‥	‥	‥	‥	648	933	1235	レ	1553	2214
神　崎	発	‥	‥	‥	‥	705	948	1250	1436	1608	2228
大　阪	着	‥	‥	‥	‥	720	1001	1303	1449	1620	2241
	発	‥	‥	‥	440	726	1005	1307	1453	1625	2246
吹　田	発	‥	‥	‥	レ	743	1022	1323	1509	1642	2302
茨　木	発	‥	‥	‥	レ	756	1035	1338	1525	1655	2316
高　槻	発	‥	‥	‥	513	808	1048	1352	1539	1712	2333
山　崎	発	‥	‥	‥	529	823	1103	1408	1558	1729	2349
向日町	発	‥	‥	‥	レ	839	1119	1424	1614	1745	004
京　都	発	‥	‥	‥	600	855	1135	1443	1634	1802	025
稲　荷	発	‥	‥	‥	607	901	1141	1449	1640	1809	レ
山　科	発	‥	‥	‥	619	913	1152	1503	1652	1821	045
大　谷	発	‥	‥	‥	634	926	1209	1519	1708	1837	レ
馬　場	発	‥	‥	‥	647	938	1230	1531	1719	1850	111
草　津	発	‥	‥	‥	706	957	1248	1549	1737	1910	レ
野　洲	発	‥	‥	‥	719	1010	1301	レ	1751	レ	レ
八　幡	発	‥	‥	‥	735	1026	1317	1617	1810	1942	155
能登川	発	‥	‥	‥	750	1041	1332	1632	1828	1958	レ
彦　根	発	‥	‥	‥	816	1107	1357	1657	1859	2027	231
米　原	着	‥	‥	‥	826	1117	1407	1707	1911	2040	241
	発	‥	‥	‥	830	1121	1411	1720	1916	‥	250
長　岡	発	‥	‥	‥	851	レ	1432	レ	1938	‥	レ
関ケ原	発	‥	‥	‥	918	1207	1458	1804	2005	‥	337
垂　井	発	‥	‥	‥	929	1218	1509	1814	2017	‥	レ
大　垣	発	‥	‥	610	948	1240	1526	1833	2035	‥	405
岐　阜	発	‥	‥	641	1014	1306	1552	1900	2102	‥	430
木曽川	発	‥	‥	658	1027	1318	1605	1913	2118	‥	レ
一ノ宮	発	‥	‥	714	1038	1330	1616	1925	2132	‥	453
清　洲	発	‥	‥	734	1055	1346	1630	1941	2149	‥	レ
名古屋	着	‥	‥	750	1109	1400	1643	1955	2205	‥	522
	発	‥	‥	820	1120	1405	1648	2020	‥	‥	545
熱　田	発	‥	‥	834	1132	1419	1659	2032	‥	‥	レ
大　高	発	‥	‥	845	1142	1430	レ	2043	‥	‥	レ
大　府	発	‥	‥	901	1156	1445	1724	2058	‥	‥	619
刈　谷	発	‥	‥	911	1206	1454	1734	2108	‥	‥	628
安　城	発	‥	‥	925	1221	レ	1750	レ	‥	‥	レ

以下、明治24年（1891）5月1日と明治25年（1892）4月16日の時刻改正を比較してみる。新橋〜神戸間は次のとおりである。若干の所要時間短縮が見られる。

▼改正前（明治24年5月1日）

【下り】新橋発　6時0分　→　神戸着　1時41分（所要時間19時間41分）
　　　　新橋発　11時40分　→　神戸着　7時30分（所要時間19時間50分）
　　　　新橋発　21時50分　→　神戸着　18時10分（所要時間20時間20分）

【上り】神戸発　12時0分　→　新橋着　8時30分（所要時間20時間30分）
　　　　神戸発　21時48分　→　新橋着　17時35分（所要時間19時間47分）

▼改正後（明治25年4月16日）

【下り】新橋発　6時0分　→　神戸着　1時31分（所要時間19時間31分）
　　　　新橋発　11時40分　→　神戸着　7時22分（所要時間19時間42分）
　　　　新橋発　21時50分　→　神戸着　18時10分（所要時間20時間20分）

【上り】神戸発　12時0分　→　新橋着　8時30分（所要時間20時間30分）

神戸発　21時40分　↓　新橋着　17時35分（所要時間19時間55分）

大阪～新橋間は次のとおりで、５分ほど所要時間が延びている。

▼改正前（明治24年５月１日）
【上り】　大阪発　４時45分　↓　新橋着　23時50分（所要時間19時間５分）

▼改正後（明治25年４月16日）
【上り】　大阪発　４時40分　↓　新橋着　23時50分（所要時間19時間10分）

新橋～浜松間は次のとおりで、この１往復は全く変わっていない。

▼改正前（明治24年５月１日）
【下り】　新橋発　14時20分　↓　浜松着　23時23分（所要時間９時間３分）
【上り】　浜松発　６時15分　↓　新橋着　15時50分（所要時間９時間35分）

▼改正後（明治25年4月16日）

【下り】　新橋発　14時20分　↓　浜松着　23時23分（所要時間9時間3分）

【上り】　浜松発　6時15分　↓　新橋着　15時50分（所要時間9時間35分）

新橋～大垣間は次のとおりで、全く変化はない。

▼改正前（明治24年5月1日）

【下り】　新橋発　8時0分　↓　大垣着　22時40分（所要時間14時間40分）

【上り】　大垣発　6時10分　↓　新橋着　21時45分（所要時間15時間35分）

▼改正後（明治25年4月16日）

【下り】　新橋発　8時0分　↓　大垣着　22時40分（所要時間14時間40分）

【上り】　大垣発　6時10分　↓　新橋着　21時45分（所要時間15時間35分）

名古屋～神戸間は次のとおり若干の変化のみで、大きな変化は見られない。

▼改正前（明治24年5月1日）

【下り】名古屋発　5時45分　↓　神　戸着　13時40分（所要時間7時間55分）

【上り】神　戸発　13時50分　↓　名古屋着　22時5分（所要時間8時間15分）

▼改正後（明治25年4月16日）

【下り】名古屋発　5時40分　↓　神　戸着　13時40分（所要時間8時間0分）

【上り】神　戸発　13時50分　↓　名古屋発　22時5分（所要時間8時間15分）

浜松～神戸間は次のとおり変化は見られない。

▼改正前（明治24年5月1日）

【下り】浜松発　11時55分　↓　神戸着　23時54分（所要時間11時間59分）

【上り】神戸発　8時55分　↓　浜松着　20時15分（所要時間11時間20分）

▼改正後（明治25年4月16日）
【下り】 浜松発 11時55分 ↓ 神戸着 23時54分（所要時間11時間59分）
【上り】 神戸発 8時55分 ↓ 浜松着 20時15分（所要時間11時間20分）

静岡〜神戸間は次のとおり、上りで5分ほど所要時間が延びている。

▼改正前（明治24年5月1日）
【下り】 静岡発 6時0分 ↓ 神戸着 21時25分（所要時間15時間25分）
【上り】 神戸発 6時15分 ↓ 静岡着 20時52分（所要時間14時間37分）

▼改正後（明治25年4月16日）
【下り】 静岡発 6時0分 ↓ 神戸着 21時25分（所要時間15時間25分）
【上り】 神戸発 6時10分 ↓ 静岡着 20時52分（所要時間14時間42分）

米原〜神戸間は次のとおり、全く変化は見られない。

▼改正前（明治24年５月１日）
【下り】　米原発　５時40分　↓　神戸着　11時12分（所要時間５時間32分）
【上り】　神戸発　15時20分　↓　米原着　20時40分（所要時間５時間20分）
▼改正後（明治25年４月16日）
【下り】　米原発　５時40分　↓　神戸着　11時12分（所要時間５時間32分）
【上り】　神戸発　15時20分　↓　米原着　20時40分（所要時間５時間20分）

以上、この時刻改正により次のようになった。

・新橋〜神戸間　下り３本、上り２本
・大阪〜新橋間　上り１本　　・新橋〜大垣間　１往復
・新橋〜静岡間　１往復　　・新橋〜浜松間　１往復
・静岡〜神戸間　１往復　　・浜松〜神戸間　１往復

・名古屋〜神戸間　１往復　　・米原〜神戸間　１往復

明治26年5月1日・11月1日の時刻改正

次の資料は明治26年（１８９３）7月31日の「官報」第３０２６号附録「全國汽車發著時刻及乗車賃金表」であり、新橋〜神戸間は明治26年5月１日、11月１日改正となっている。その時刻表は【表65】のとおりである。

この時刻表を見れば、明治25年（１８９２）４月16日時刻改正と列車本数は同じである。ただ、詳細を見れば、下り静岡発６時０分神戸行の列車は神崎を通過から停車とし20時33分発、浜松発11時55分神戸行の列車は住吉を通過から停車とし23時35分発となった。三ノ宮発、神戸着はそれぞれ1分延ばして23時50分、23時55分となっている。また、新橋発21時50分神戸行の列車は、住吉での停車が通過となった。この列車の大阪着は17時０分から２分短縮の16時58分、大阪発は17時５分から17時３分、神崎発17時19分から17時17分、西ノ宮発17時35分から17時32分、住吉通過に伴い、三ノ宮発18時５分から18時０分、神戸着は18時10分から18時５分となった。所要時間は５分短縮し、20時間15分となっている。

上り神戸発13時50分名古屋行は、西ノ宮を通過から停車とし、神戸発13時45分、三ノ宮発13時55分から13時52分、住吉発14時9分から14時6分、西ノ宮発14時22分となった。神戸発15時20分米原行は、住吉を通過から停車とし、住吉発15時40分、次の西ノ宮発が15時53分から15時54分となっている。神戸発8時55分浜松行は浜松〜静岡間を延長し、浜松発20時45分、中泉発21時10分、袋井発21時32分、掛川発21時54分、堀ノ内発22時15分、金谷発22時40分、島田発23時0分、藤枝発23時16分、焼津発23時30分、静岡着23時50分となった。

神戸発12時0分新橋行は、小山以遠では速度が低下している。松田、鶴見、川崎、大森の各駅は通過であったが停車とし、新橋着は8時30分から9時0分と30分も所要時間を延ばしている。小山以遠は山北発5時40分から5時48分、松田発6時0分、国府津発6時9分から6時24分、大磯発6時25分から6時41分、平塚発6時32分から6時51分、藤沢発6時53分から7時12分、大船発7時4分から7時25分、戸塚発7時15分から7時35分、程ケ谷発7時33分から7時53分、横浜発7時45分から8時5分、神奈川発7時50分から8時11分、鶴見発8時23分、川崎発8時31分、大森発8時43分、品川発8時22分から8時51分、そして終着駅の新橋着はすでに書いたとおり、8時30分から9時0分である。

豊橋発	‥	‥	1008	1300	1546	1809	2158	‥	‥	720
御油発	‥	‥	1024	1318	1601	1824	2215	‥	‥	739
蒲郡発	‥	‥	1040	1334	1616	1840	レ	‥	‥	755
岡崎発	‥	‥	1110	1405	1640	1906	2254	‥	‥	821
安城発	‥	‥	1125	レ	1653	レ	レ	‥	‥	835
苅谷発	‥	‥	1141	1435	1707	1933	レ	‥	‥	850
大府発	‥	‥	1154	1447	1720	1943	2328	‥	‥	859
大高発	‥	‥	1208	1502	レ	1957	レ	‥	‥	913
熱田発	‥	‥	1219	1514	1742	2008	レ	‥	‥	924
名古屋発	‥	540	1250	1540	1810	2050	005	‥	‥	942
清洲発	‥	556	1306	1555	1823	2108	レ	‥	‥	956
一ノ宮発	‥	613	1328	1615	1837	2131	レ	‥	‥	1014
木曽川発	‥	624	1340	1627	1848	2145	レ	‥	‥	1028
岐阜発	‥	638	1356	1645	1904	2215	057	‥	‥	1044
大垣着	‥	702	1419	1712	1927	2240	121	‥	‥	1110
大垣発	‥	705	1423	1720	1931	‥	125	‥	‥	1125
垂井発	‥	723	1442	1740	1947	‥	レ	‥	‥	1143
関ケ原発	‥	739	1459	1803	2002	‥	155	‥	‥	1205
長岡発	‥	800	1523	1824	2023	‥	レ	‥	‥	1227
米原着	‥	820	1542	1842	2041	‥	235	‥	‥	1245
米原発	540	832	1547	1847	2046	‥	242	‥	‥	1250
彦根発	554	843	1559	1900	2056	‥	253	‥	‥	1303
能登川発	620	908	1635	1925	レ	‥	レ	‥	‥	1330
八幡発	637	924	1656	1942	2130	‥	329	‥	‥	1345
野洲発	654	940	1715	レ	2146	‥	レ	‥	‥	1402
草津発	709	955	1735	2013	2159	‥	356	‥	‥	1418
馬場発	735	1018	1800	2036	2220	‥	417	‥	‥	1440
大谷発	745	1027	1810	2045	レ	‥	レ	‥	‥	1450
山科発	758	1039	1823	2057	2237	‥	435	‥	‥	1504
稲荷発	814	1054	1837	2110	レ	‥	レ	‥	‥	1518
京都発	827	1105	1850	2121	2257	‥	500	‥	‥	1530
向日町発	841	1118	1903	2133	レ	‥	512	‥	‥	1543
山崎発	859	1134	1920	2149	レ	‥	527	‥	‥	1559
高槻発	917	1149	1933	2204	2334	‥	539	‥	‥	1614
茨木発	929	1202	1945	2216	レ	‥	550	‥	‥	1627
吹田発	944	1216	2001	2231	レ	‥	レ	‥	‥	1643
大阪着	959	1231	2015	2246	010	‥	616	‥	‥	1658
大阪発	1004	1236	2020	2251	030	‥	620	‥	‥	1703
神崎発	1018	1249	2033	2303	レ	‥	レ	‥	‥	1717
西ノ宮発	1035	1304	2049	2319	102	‥	647	‥	‥	1732
住吉発	1052	1320	2105	2335	レ	‥	702	‥	‥	レ
三ノ宮発	1107	1335	2120	2350	136	‥	717	‥	‥	1800
神戸着	1112	1340	2125	2355	141	‥	722	‥	‥	1805

【表65-1】明治26年５月１日、11月１日／東海道線 新橋〜神戸間 時刻改正

●下り

新　橋	発	‥	‥	‥	‥	600	800	1140	1420	1535	2150
品　川	発	‥	‥	‥	‥	608	809	1149	1428	1544	2158
大　森	発	‥	‥	‥	‥	レ	818	1158	レ	1553	レ
川　崎	発	‥	‥	‥	‥	レ	830	1209	1445	1605	レ
鶴　見	発	‥	‥	‥	‥	レ	838	レ	レ	レ	レ
神奈川	発	‥	‥	‥	‥	640	850	1225	1500	1620	2230
横　浜	発	‥	‥	‥	‥	650	900	1235	1510	1630	2240
程ケ谷	発	‥	‥	‥	‥	657	907	1242	1518	1640	2251
戸　塚	発	‥	‥	‥	‥	716	926	1300	1537	1659	レ
大　船	発	‥	‥	‥	‥	727	937	1310	1547	1710	レ
藤　沢	発	‥	‥	‥	‥	737	948	1319	1557	1721	2324
平　塚	発	‥	‥	‥	‥	758	1007	1338	1617	1742	レ
大　磯	発	‥	‥	‥	‥	805	1014	1345	1624	1749	レ
国府津	発	‥	‥	‥	‥	826	1032	1405	1641	1809	008
松　田	発	‥	‥	‥	‥	843	1049	1423	1658	1826	レ
山　北	発	‥	‥	‥	‥	857	1103	1438	1711	1850	037
小　山	発	‥	‥	‥	‥	920	1124	1500	1734	1911	レ
御殿場	発	‥	‥	‥	‥	947	1152	1528	1803	1940	124
佐　野	発	‥	‥	‥	‥	1015	1220	1556	1832	2009	レ
沼　津	発	‥	‥	‥	‥	1035	1255	1620	1910	2030	210
鈴　川	発	‥	‥	‥	‥	1100	1322	1646	1936	2057	234
岩　淵	発	‥	‥	‥	‥	1117	1339	1703	1953	2114	250
蒲　原	発	‥	‥	‥	‥	レ	1349	1712	レ	レ	レ
興　津	発	‥	‥	‥	‥	1143	1405	1728	2018	2139	313
江　尻	発	‥	‥	‥	‥	1152	1415	1741	2032	2150	レ
静　岡	着	‥	‥	‥	‥	1209	1433	1758	2050	2210	338
	発	‥	‥	600	‥	1225	1445	1820	2055	‥	345
焼　津	発	‥	‥	621	‥	1244	1505	1841	2117	‥	レ
藤　枝	発	‥	‥	634	‥	1254	1516	1852	2130	‥	416
島　田	発	‥	‥	651	‥	1307	1530	1907	2147	‥	429
金　谷	発	‥	‥	703	‥	1318	1541	1918	レ	‥	レ
堀ノ内	発	‥	‥	723	‥	1337	1558	1937	2216	‥	457
掛　川	発	‥	‥	740	‥	1350	1610	1951	2231	‥	510
袋　井	発	‥	‥	757	‥	1404	1626	2008	2247	‥	レ
中　泉	発	‥	‥	814	‥	1419	1641	2023	2303	‥	538
浜　松	着	‥	‥	835	‥	1437	1657	2041	2323	‥	557
	発	‥	‥	905	1155	1444	1704	2050	‥	‥	610
舞　坂	発	‥	‥	922	1212	1501	1721	2108	‥	‥	629
鷲　津	発	‥	‥	939	1229	1517	1738	2124	‥	‥	647

岡　崎発	‥	‥	940	1237	1524	1808	2136	‥	‥	656
蒲　郡発	‥	‥	1007	1304	1549	1838	2202	‥	‥	722
御　油発	‥	‥	1023	1320	1604	1853	2216	‥	‥	736
豊　橋発	‥	‥	1040	1336	1625	1910	2231	‥	‥	751
鷲　津発	‥	‥	1112	1406	1700	1940	2300	‥	‥	819
舞　坂発	‥	‥	1130	1423	1720	1958	レ	‥	‥	836
浜　松着	‥	‥	1148	1440	1736	2015	2331	‥	‥	851
浜　松発	‥	615	1215	1450	1815	2045	2340	‥	‥	856
中　泉発	‥	634	1234	1508	1837	2110	レ	‥	‥	914
袋　井発	‥	651	1252	1522	1855	2132	012	‥	‥	927
掛　川発	‥	708	1308	1538	1914	2154	028	‥	‥	940
堀ノ内発	‥	725	1334	1557	1935	2215	044	‥	‥	952
金　谷発	‥	744	1351	1615	1953	2240	レ	‥	‥	1010
島　田発	‥	800	1404	1629	2006	2300	113	‥	‥	1023
藤　枝発	‥	815	1417	1641	2021	2316	レ	‥	‥	1037
焼　津発	‥	827	1428	1652	2032	2330	レ	‥	‥	1048
静　岡着	‥	846	1445	1710	2052	2350	156	‥	‥	1105
静　岡発	515	851	1450	1725	‥	‥	201	‥	‥	1113
江　尻発	533	909	1508	1743	‥	‥	レ	‥	‥	1131
興　津発	543	919	1518	1753	‥	‥	レ	‥	‥	1142
蒲　原発	600	937	レ	1812	‥	‥	レ	‥	‥	レ
岩　淵発	613	947	1542	1823	‥	‥	250	‥	‥	1207
鈴　川発	632	1003	1557	1839	‥	‥	304	‥	‥	1221
沼　津発	703	1034	1645	1914	‥	‥	333	‥	‥	1250
佐　野発	726	1059	1707	1937	‥	‥	353	‥	‥	1311
御殿場発	815	1150	1754	2025	‥	‥	440	‥	‥	1358
小　山発	838	1213	1818	2048	‥	‥	502	‥	‥	1420
山　北発	905	1236	1846	2112	‥	‥	540	‥	‥	1443
松　田発	916	1247	1856	レ	‥	‥	600	‥	‥	1453
国府津発	940	1312	1917	2140	‥	‥	624	‥	‥	1513
大　磯発	958	1329	1934	2156	‥	‥	641	‥	‥	1530
平　塚発	1008	1337	1942	2204	‥	‥	651	‥	‥	1537
藤　沢発	1029	1358	2004	2222	‥	‥	712	‥	‥	1559
大　船発	1039	1409	2016	レ	‥	‥	725	‥	‥	1609
戸　塚発	1051	1420	2026	レ	‥	‥	735	‥	‥	1619
程ケ谷発	1111	1440	2045	2252	‥	‥	753	‥	‥	1638
横　浜発	1125	1455	2058	2305	‥	‥	805	‥	‥	1651
神奈川発	1130	1501	2103	2310	‥	‥	811	‥	‥	1656
鶴　見発	レ	1513	レ	レ	‥	‥	823	‥	‥	レ
川　崎発	1148	1521	2120	レ	‥	‥	831	‥	‥	レ
大　森発	レ	1533	レ	レ	‥	‥	843	‥	‥	レ
品　川発	1207	1541	2137	2342	‥	‥	851	‥	‥	1727
新　橋着	↓1215	1550	2145	2350	‥	‥	900	‥	‥	1735

【表65-2】明治26年５月１日、11月１日／東海道線 新橋～神戸間 時刻改正

●上り

神戸	発	‥	‥	‥	‥	610	855	1200	1345	1520	2140
三ノ宮	発	‥	‥	‥	‥	616	902	1206	1352	1526	2146
住吉	発	‥	‥	‥	‥	631	918	1220	1406	1540	2200
西ノ宮	発	‥	‥	‥	‥	648	933	1235	1422	1554	2214
神崎	発	‥	‥	‥	‥	705	948	1250	1436	1608	2228
大阪	着	‥	‥	‥	‥	720	1001	1303	1449	1620	2241
	発	‥	‥	‥	440	726	1005	1307	1453	1625	2246
吹田	発	‥	‥	‥	レ	743	1022	1323	1509	1642	2302
茨木	発	‥	‥	‥	レ	756	1035	1338	1525	1655	2316
高槻	発	‥	‥	‥	513	808	1048	1352	1539	1712	2333
山崎	発	‥	‥	‥	529	823	1103	1408	1558	1729	2349
向日町	発	‥	‥	‥	レ	839	1119	1424	1614	1745	004
京都	発	‥	‥	‥	600	855	1135	1443	1634	1802	025
稲荷	発	‥	‥	‥	607	901	1141	1449	1640	1809	レ
山科	発	‥	‥	‥	619	913	1152	1503	1652	1821	045
大谷	発	‥	‥	‥	634	926	1209	1519	1708	1837	レ
馬場	発	‥	‥	‥	647	938	1230	1531	1719	1850	111
草津	発	‥	‥	‥	706	957	1248	1549	1737	1910	レ
野洲	発	‥	‥	‥	719	1010	1301	レ	1751	1925	レ
八幡	発	‥	‥	‥	735	1026	1317	1617	1810	1942	155
能登川	発	‥	‥	‥	750	1041	1332	1632	1828	1958	レ
彦根	発	‥	‥	‥	816	1107	1357	1657	1859	2027	231
米原	着	‥	‥	‥	826	1117	1407	1707	1911	2040	241
	発	‥	‥	‥	830	1121	1411	1720	1916	‥	250
長岡	発	‥	‥	‥	851	レ	1432	レ	1938	‥	レ
関ケ原	発	‥	‥	‥	918	1207	1458	1804	2005	‥	337
垂井	発	‥	‥	‥	929	1218	1509	1814	2017	‥	レ
大垣	発	‥	‥	610	948	1240	1526	1833	2035	‥	405
岐阜	発	‥	‥	641	1014	1306	1552	1900	2102	‥	430
木曽川	発	‥	‥	658	1027	1318	1605	1913	2118	‥	レ
一ノ宮	発	‥	‥	714	1038	1330	1616	1925	2132	‥	453
清洲	発	‥	‥	734	1055	1346	1630	1941	2149	‥	レ
名古屋	着	‥	‥	750	1109	1400	1643	1955	2205	‥	522
	発	‥	‥	820	1120	1405	1648	2020	‥	‥	545
熱田	発	‥	‥	834	1132	1419	1659	2032	‥	‥	レ
大高	発	‥	‥	845	1142	1430	レ	2043	‥	‥	レ
大府	発	‥	‥	901	1156	1445	1724	2058	‥	‥	619
苅谷	発	‥	‥	911	1206	1454	1734	2108	‥	‥	628
安城	発	‥	‥	925	1221	レ	1750	レ	‥	‥	レ

明治27年4月16日・5月5・7日・6月10日の時刻改正

明治27年（1894）10月5日、わが国初の月刊時刻表『汽車汽船旅行案内』が庚寅《こういん》新誌社から発刊された。その『汽車汽船旅行案内』では時刻改正の日時も明記してあり、明治27年4月16日、5月5・7日、6月10日と4日にわたって改正されたようになっている。

その時刻表は【表66】のとおりである。明治26年（1893）11月1日現在の時刻表との比較をしてみる。

まず、静岡地区での列車増発に目が留まる。下り沼津発5時30分浜松行、沼津発8時15分静岡行、沼津発15時10分静岡行が増発されている。

新橋発6時0分～神戸着1時41分を、新橋発6時20分～神戸着1時31分と改正し、所要時間は19時間41分から19時間11分へと30分短縮した。

新橋発8時0分～大垣着22時40分は、新橋発8時5分～大垣着22時42分となっている。新橋発11時40分～神戸着7時22分は、新橋発11時45分～神戸着6時55分となって、所要時間は19時間42分から19時間10分と32分短縮している。

新橋発14時20分～浜松着23時23分は、新橋発14時30分～浜松着23時15分となっている。新橋発

15時35分～静岡着22時10分は、新橋発16時10分～静岡着22時30分となり、所要時間は6時間35分から6時間20分に短縮された。新橋発21時50分～神戸着18時5分は、新橋発21時55分～神戸着17時30分となり、所要時間は20時間15分から19時35分へと、40分もの短縮が実現している。

静岡地区における上りは下りと同様に静岡発7時25分沼津行、静岡発12時45分沼津行、静岡発15時55分沼津行、浜松発16時20分沼津行が増発されている。

大垣発6時10分～新橋着21時45分は、大垣発5時35分～新橋着21時0分となり、所要時間は15時間35分から15時間25分になった。

神戸発6時10分～静岡着20時52分は、神戸発5時55分～静岡着20時42分となっている。神戸発8時55分静岡行は神戸発9時0分となったが、静岡着23時50分は変わらないので、所要時間は5分短縮となった。神戸発12時0分新橋行は出発時刻は変わらず、新橋着は9時0分から7時40分となり、所要時間は21時間から19時間40分となった。

神戸発13時45分名古屋行は、名古屋着が22時5分から22時40分と35分繰り下げられた。また、神戸発15時20分米原行は、米原着が20時40分から20時35分となった。神戸発21時40分新橋行は、新橋着が17時35分から17時0分となり、所要時間は19時間55分から19時間20分と35分の短縮が図られた。

【表66-1】明治27年４月16日・５月5・7日・６月10日／新橋～神戸間 時刻改正

‥	‥	1430	‥	‥	‥	1610	1750	1930	2155
‥	‥	1438	‥	‥	‥	1618	1758	1939	2203
‥	‥	レ	‥	‥	‥	レ	レ	1948	レ
‥	‥	1455	‥	‥	‥	1635	1815	2000	2220
‥	‥	レ	‥	‥	‥	レ	レ	2008	レ
‥	‥	1510	‥	‥	‥	1650	1830	2020	2235
‥	‥	1520	‥	‥	‥	1700	1840	2030	2245
‥	‥	1527	‥	‥	‥	1707	1847	2037	2253
‥	‥	1547	‥	‥	‥	1726	1906	2056	レ
‥	‥	1557	‥	‥	‥	1737	1917	2107	レ
‥	‥	1607	‥	‥	‥	1746	1926	2116	2330
‥	‥	1627	‥	‥	‥	1807	1947	2136	レ
‥	‥	1634	‥	‥	‥	1814	1955	2144	レ
‥	‥	1651	‥	‥	‥	1835	2011	2200	013
‥	‥	1708	‥	‥	‥	1851	＝	＝	レ
‥	‥	1721	‥	‥	‥	1910	‥	‥	042
‥	‥	1744	‥	‥	‥	1931	‥	‥	レ
‥	‥	1813	‥	‥	‥	2000	‥	‥	129
‥	‥	1842	‥	‥	‥	2029	‥	‥	レ
‥	‥	1910	1510	‥	‥	2050	‥	‥	215
‥	‥	1936	1541	‥	‥	2117	‥	‥	239
‥	‥	1953	1559	‥	‥	2134	‥	‥	255
‥	‥	レ	1610	‥	‥	レ	‥	‥	レ
‥	‥	2018	1632	‥	‥	2159	‥	‥	318
‥	‥	2032	1647	‥	‥	2210	‥	‥	レ
‥	‥	2050	1707	‥	‥	2230	‥	‥	343
‥	‥	2055	‥	‥	1555	‥	‥	‥	348
‥	‥	2116	‥	‥	1623	‥	‥	‥	レ
‥	‥	2127	‥	‥	1641	‥	‥	‥	419
‥	‥	2142	‥	‥	1701	‥	‥	‥	432
‥	‥	2154	‥	‥	1719	‥	‥	‥	レ
‥	‥	2213	‥	‥	1740	‥	‥	‥	500
‥	‥	2226	‥	‥	1800	‥	‥	‥	513
‥	‥	2242	‥	‥	1817	‥	‥	‥	レ
‥	‥	2257	‥	‥	1840	‥	‥	‥	541
‥	‥	2315	‥	‥	1900	‥	‥	‥	600
1153	‥	‥	‥	‥	‥	‥	‥	‥	605
1210	‥	‥	‥	‥	‥	‥	‥	‥	623
1227	‥	‥	‥	‥	‥	‥	‥	‥	639
1300	‥	‥	‥	‥	‥	‥	‥	‥	709
1318	‥	‥	‥	‥	‥	‥	‥	‥	725

●下り

新橋発	‥	‥	‥	‥	620	805	‥	920	1145
品川発	‥	‥	‥	‥	628	813	‥	929	1153
大森発	‥	‥	‥	‥	レ	レ	‥	938	1201
川崎発	‥	‥	‥	‥	レ	830	‥	950	レ
鶴見発	‥	‥	‥	‥	レ	レ	‥	958	レ
神奈川発	‥	‥	‥	‥	700	845	‥	1010	1226
横浜発	‥	‥	‥	‥	710	855	‥	1022	1235
程ケ谷発	‥	‥	‥	‥	715	903	‥	1028	1242
戸塚発	‥	‥	‥	‥	736	922	‥	1049	1300
大船発	‥	‥	‥	‥	747	935	‥	1100	1310
藤沢発	‥	‥	‥	‥	756	946	‥	1109	1319
平塚発	‥	‥	‥	‥	817	1007	‥	1130	1338
大磯発	‥	‥	‥	‥	824	1014	‥	1138	1345
国府津発	‥	‥	‥	‥	843	1032	‥	1155	1404
松田発	‥	‥	‥	‥	859	1049	‥	＝	1422
山北発	‥	‥	‥	‥	913	1103	‥	‥	1438
小山発	‥	‥	‥	‥	936	1124	‥	‥	1500
御殿場発	‥	‥	‥	‥	1002	1152	‥	‥	1528
佐野発	‥	‥	‥	‥	1030	1220	‥	‥	1556
沼津発	530	‥	‥	‥	1050	1255	815	‥	1620
鈴川発	557	‥	‥	‥	1115	1322	845	‥	1646
岩淵発	615	‥	‥	‥	1132	1339	906	‥	1703
蒲原発	626	‥	‥	‥	レ	1349	925	‥	1712
興津発	645	‥	‥	‥	1156	1405	944	‥	1728
江尻発	657	‥	‥	‥	1206	1415	955	‥	1741
静岡着	717	‥	‥	‥	1222	1433	1013	‥	1758
静岡発	845	‥	‥	600	1227	1445	‥	‥	1805
焼津発	911	‥	‥	621	1246	1505	‥	‥	1826
藤枝発	928	‥	‥	634	1256	1516	‥	‥	1836
島田発	944	‥	‥	649	1309	1530	‥	‥	1852
金谷発	959	‥	‥	701	1320	1541	‥	‥	1903
堀ノ内発	1019	‥	‥	722	1338	1559	‥	‥	1922
掛川発	1034	‥	‥	740	1350	1611	‥	‥	1936
袋井発	1050	‥	‥	759	1404	1626	‥	‥	1953
中泉発	1106	‥	‥	833	1419	1641	‥	‥	2008
浜松着	1123	‥	‥	850	1437	1657	‥	‥	2025
浜松発	‥	‥	‥	905	1444	1704	‥	‥	2030
舞坂発	‥	‥	‥	922	1501	1721	‥	‥	2048
鷲津発	‥	‥	‥	939	1517	1738	‥	‥	2104
豊橋発	‥	‥	‥	1010	1547	1809	‥	‥	2138
御油発	‥	‥	‥	1024	1601	1824	‥	‥	2155

1335	‥	‥	‥	‥	‥	‥	‥	‥	741
1405	‥	‥	‥	‥	‥	‥	‥	‥	808
レ	‥	‥	‥	‥	‥	‥	‥	‥	822
1435	‥	‥	‥	‥	‥	‥	‥	‥	837
1447	‥	‥	‥	‥	‥	‥	‥	‥	847
1502	‥	‥	‥	‥	‥	‥	‥	‥	901
1514	‥	‥	‥	‥	‥	‥	‥	‥	912
1528	‥	‥	‥	‥	‥	‥	‥	‥	925
1540	‥	‥	‥	‥	‥	‥	‥	‥	935
1555	‥	‥	‥	‥	‥	‥	‥	‥	950
1615	‥	‥	‥	‥	‥	‥	‥	‥	1008
1627	‥	‥	‥	‥	‥	‥	‥	‥	1023
1645	‥	‥	‥	‥	‥	‥	‥	‥	1037
1712	‥	‥	‥	‥	‥	‥	‥	‥	1101
1720	‥	‥	‥	‥	‥	‥	‥	‥	1105
1740	‥	‥	‥	‥	‥	‥	‥	‥	1123
1803	‥	‥	‥	‥	‥	‥	‥	‥	1141
1824	‥	‥	‥	‥	‥	‥	‥	‥	1202
1847	‥	‥	‥	‥	‥	‥	‥	‥	1226
1900	‥	‥	‥	‥	‥	‥	‥	‥	1237
1925	‥	‥	‥	‥	‥	‥	‥	‥	1300
1942	‥	‥	‥	‥	‥	‥	‥	‥	1316
レ	‥	‥	‥	‥	‥	‥	‥	‥	1332
2014	‥	‥	‥	‥	‥	‥	‥	‥	1349
2036	1155	‥	‥	1540	‥	‥	‥	‥	1411
2045	1207	‥	‥	1548	‥	‥	‥	‥	1420
2057	1218	‥	‥	1601	‥	‥	‥	‥	1432
2110	1231	‥	‥	1615	‥	‥	‥	‥	1444
2121	1242	‥	‥	1625	‥	‥	‥	‥	1455
2133	1255	‥	‥	1639	‥	‥	‥	‥	1508
2149	1311	‥	‥	1654	‥	‥	‥	‥	1524
2204	1326	‥	‥	1710	‥	‥	‥	‥	1540
2215	1340	‥	‥	1722	‥	‥	‥	‥	1552
2228	1355	‥	‥	1737	‥	‥	‥	‥	1608
2241	1412	‥	‥	1751	‥	‥	‥	‥	1623
2246	1417	‥	‥	1800	‥	‥	‥	‥	1628
2300	1433	‥	‥	1814	‥	‥	‥	‥	1641
2335	1446	‥	‥	1828	‥	‥	‥	‥	1657
レ	1502	‥	‥	1843	‥	‥	‥	‥	レ
2345	1516	‥	‥	1859	‥	‥	‥	‥	1725
2350	1520	‥	‥	1904	‥	‥	‥	‥	1730

蒲郡発	‥	‥	‥	1040	1616	1840	‥	‥	レ
岡崎発	‥	‥	‥	1110	1640	1906	‥	‥	2234
安城発	‥	‥	‥	1125	1653	1920	‥	‥	レ
苅谷発	‥	‥	‥	1141	1707	1934	‥	‥	2308
大府発	‥	‥	‥	1154	1720	1944	‥	‥	レ
大高発	‥	‥	‥	1208	レ	1958	‥	‥	レ
熱田発	‥	‥	‥	1219	1742	2009	‥	‥	レ
名古屋着	‥	‥	‥	1232	1755	2021	‥	‥	2340
名古屋発	‥	‥	540	1250	1800	2050	‥	‥	2345
清洲発	‥	‥	556	1306	1813	2108	‥	‥	レ
一ノ宮発	‥	‥	613	1328	1827	2131	‥	‥	レ
木曽川発	‥	‥	624	1340	1838	2152	‥	‥	レ
岐阜発	‥	‥	638	1356	1854	2215	‥	‥	037
大垣着	‥	‥	702	1419	1917	2242	‥	‥	102
大垣発	‥	‥	705	1423	1921	‥	‥	‥	105
垂井発	‥	‥	723	1442	1937	‥	‥	‥	レ
関ケ原発	‥	‥	739	1459	1952	‥	‥	‥	135
長岡発	‥	‥	800	1523	2013	‥	‥	‥	レ
米原発	‥	540	832	1547	2036	‥	‥	‥	221
彦根発	‥	554	843	1559	2046	‥	‥	‥	232
能登川発	‥	620	908	1635	レ	‥	‥	‥	レ
八幡発	‥	637	924	1656	2120	‥	‥	‥	307
野洲発	‥	654	941	1715	2136	‥	‥	‥	レ
草津発	‥	711	956	1735	2150	‥	‥	‥	334
馬場発	‥	735	1018	1800	2210	‥	‥	‥	355
大谷発	‥	745	1027	1810	レ	‥	‥	‥	レ
山科発	‥	758	1039	1823	2227	‥	‥	‥	413
稲荷発	‥	814	1054	1837	レ	‥	‥	‥	レ
京都発	‥	827	1105	1850	2247	‥	‥	‥	433
向日町発	‥	841	1118	1903	レ	‥	‥	‥	レ
山崎発	‥	859	1134	1920	レ	‥	‥	‥	レ
高槻発	‥	917	1149	1933	2324	‥	‥	‥	512
茨木発	‥	929	1202	1945	レ	‥	‥	‥	レ
吹田発	‥	944	1216	2001	レ	‥	‥	‥	レ
大阪着	‥	959	1231	2015	000	‥	‥	‥	549
大阪発	‥	1004	1236	2020	020	‥	‥	‥	553
神崎発	‥	1018	1249	2033	レ	‥	‥	‥	606
西ノ宮発	‥	1035	1304	2049	052	‥	‥	‥	621
住吉発	‥	1052	1319	2105	レ	‥	‥	‥	636
三ノ宮発	‥	1107	1333	2120	126	‥	‥	‥	651
神戸着↓	‥	1112	1337	2125	131	‥	‥	‥	655

【表66-2】明治27年４月16日・５月5・7日・６月10日／新橋〜神戸間 時刻改正

1025	‥	1200	‥	1345	1520	‥	‥	‥	1700	2140
1032	‥	1206	‥	1351	1526	‥	‥	‥	1706	2146
1050	‥	1220	‥	1405	1540	‥	‥	‥	レ	レ
1105	‥	1235	‥	1420	1554	‥	‥	‥	1733	2212
1120	‥	1250	‥	1435	1608	‥	‥	‥	レ	レ
1132	‥	1303	‥	1448	1620	‥	‥	‥	1800	2236
1135	‥	1307	‥	1453	1625	‥	‥	‥	1812	2242
1150	‥	1322	‥	1508	1642	‥	‥	‥	1830	レ
1204	‥	1338	‥	1525	1655	‥	‥	‥	1844	レ
1219	‥	1352	‥	1539	1712	‥	‥	‥	1900	2323
1235	‥	1408	‥	1555	1729	‥	‥	‥	1918	レ
1254	‥	1424	‥	1611	1745	‥	‥	‥	1934	レ
1307	‥	1438	‥	1624	1757	‥	‥	‥	1946	002
1315	‥	1450	‥	1634	1802	‥	‥	‥	1953	007
1322	‥	1456	‥	1640	1809	‥	‥	‥	2000	レ
1335	‥	1510	‥	1652	1821	‥	‥	‥	2013	023
1352	‥	1523	‥	1708	1837	‥	‥	‥	2029	037
1400	‥	1534	‥	1719	1850	‥	‥	‥	2036	048
＝	‥	1552	‥	1738	1910	‥	‥	‥	＝	レ
‥	‥	1606	‥	1752	レ	‥	‥	‥	‥	118
‥	‥	1621	‥	1810	1941	‥	‥	‥	‥	レ
‥	‥	1636	‥	1828	1958	‥	‥	‥	‥	レ
‥	‥	1700	‥	1859	2023	‥	‥	‥	‥	211
‥	‥	1710	‥	1911	2035	‥	‥	‥	‥	221
‥	‥	1715	‥	1950	‥	‥	‥	‥	‥	226
‥	‥	1736	‥	2012	‥	‥	‥	‥	‥	レ
‥	‥	1800	‥	2038	‥	‥	‥	‥	‥	312
‥	‥	1811	‥	2050	‥	‥	‥	‥	‥	レ
‥	‥	1830	‥	2110	‥	‥	‥	‥	‥	340
‥	‥	1856	‥	2137	‥	‥	‥	‥	‥	405
‥	‥	1909	‥	2153	‥	‥	‥	‥	‥	レ
‥	‥	1920	‥	2207	‥	‥	‥	‥	‥	レ
‥	‥	1935	‥	2224	‥	‥	‥	‥	‥	レ
‥	‥	1950	‥	2240	‥	‥	‥	‥	‥	453
‥	‥	1955	‥	‥	‥	‥	‥	‥	‥	500
‥	‥	2008	‥	‥	‥	‥	‥	‥	‥	レ
‥	‥	2019	‥	‥	‥	‥	‥	‥	‥	レ
‥	‥	2031	‥	‥	‥	‥	‥	‥	‥	532
‥	‥	2033	‥	‥	‥	‥	‥	‥	‥	534
‥	‥	2043	‥	‥	‥	‥	‥	‥	‥	543
‥	‥	レ	‥	‥	‥	‥	‥	‥	‥	レ
‥	‥	2111	‥	‥	‥	‥	‥	‥	‥	609

●上り

神戸発	・・	・・	・・	・・	555	・・	・・	・・	900
三ノ宮発	・・	・・	・・	・・	601	・・	・・	・・	907
住吉発	・・	・・	・・	・・	615	・・	・・	・・	レ
西ノ宮発	・・	・・	・・	・・	630	・・	・・	・・	934
神崎発	・・	・・	・・	・・	645	・・	・・	・・	948
大阪着	・・	・・	・・	・・	657	・・	・・	・・	1001
大阪発	440	・・	・・	・・	701	・・	・・	・・	1006
吹田発	レ	・・	・・	・・	716	・・	・・	・・	1022
茨木発	レ	・・	・・	・・	729	・・	・・	・・	1035
高槻発	513	・・	・・	・・	743	・・	・・	・・	1048
山崎発	528	・・	・・	・・	758	・・	・・	・・	1103
向日町発	レ	・・	・・	・・	813	・・	・・	・・	1119
京都着	554	・・	・・	・・	825	・・	・・	・・	1130
京都発	600	・・	・・	・・	830	・・	・・	・・	1135
稲荷発	607	・・	・・	・・	836	・・	・・	・・	1141
山科発	619	・・	・・	・・	848	・・	・・	・・	1152
大谷発	634	・・	・・	・・	901	・・	・・	・・	1209
馬場発	647	・・	・・	・・	913	・・	・・	・・	1225
草津発	706	・・	・・	・・	929	・・	・・	・・	1247
野洲発	719	・・	・・	・・	942	・・	・・	・・	1301
八幡発	735	・・	・・	・・	958	・・	・・	・・	1317
能登川発	750	・・	・・	・・	1013	・・	・・	・・	1332
彦根発	816	・・	・・	・・	1037	・・	・・	・・	1357
米原着	826	・・	・・	・・	1047	・・	・・	・・	1407
米原発	830	・・	・・	・・	1055	・・	・・	・・	1411
長岡発	851	・・	・・	・・	1116	・・	・・	・・	1432
関ケ原発	917	・・	・・	・・	1143	・・	・・	・・	1458
垂井発	928	・・	・・	・・	1154	・・	・・	・・	1509
大垣発	946	・・	・・	535	1230	・・	・・	・・	1526
岐阜発	1011	・・	・・	607	1258	・・	・・	・・	1552
木曽川発	1025	・・	・・	628	1312	・・	・・	・・	1605
一ノ宮発	1037	・・	・・	647	1324	・・	・・	・・	1616
清洲発	1054	・・	・・	707	1340	・・	・・	・・	1630
名古屋着	1108	・・	・・	722	1355	・・	・・	・・	1643
名古屋発	1120	・・	540	745	1405	・・	・・	・・	1648
熱田発	1132	・・	556	759	1419	・・	・・	・・	1659
大高発	1142	・・	608	810	1430	・・	・・	・・	レ
大府着	1154	・・	622	822	1443	・・	・・	・・	1720
大府発	1156	・・	・・	825	1445	・・	・・	・・	1724
苅谷発	1206	・・	・・	836	1454	・・	・・	・・	1734
安城発	1221	・・	・・	851	1508	・・	・・	・・	1750
岡崎発	1237	・・	・・	908	1524	・・	・・	・・	1808

‥	‥	2137	‥	‥	‥	‥	‥	‥	‥	635
‥	‥	2153	‥	‥	‥	‥	‥	‥	‥	650
‥	‥	2209	‥	‥	‥	‥	‥	‥	‥	711
‥	‥	2238	‥	‥	‥	‥	‥	‥	‥	739
‥	‥	レ	‥	‥	‥	‥	‥	‥	‥	756
‥	‥	2310	‥	‥	‥	‥	‥	‥	‥	811
‥	‥	2315	‥	‥	‥	‥	‥	1620	‥	816
‥	‥	レ	‥	‥	‥	‥	‥	1642	‥	834
‥	‥	レ	‥	‥	‥	‥	‥	1702	‥	847
‥	‥	001	‥	‥	‥	‥	‥	1722	‥	900
‥	‥	レ	‥	‥	‥	‥	‥	1741	‥	912
‥	‥	レ	‥	‥	‥	‥	‥	1806	‥	930
‥	‥	043	‥	‥	‥	‥	‥	1822	‥	943
‥	‥	レ	‥	‥	‥	‥	‥	1840	‥	956
‥	‥	レ	‥	‥	‥	‥	‥	1853	‥	1007
‥	‥	128	‥	‥	‥	‥	‥	1916	‥	1025
‥	‥	135	1245	‥	‥	1555	‥	1945	‥	1030
‥	‥	レ	1310	‥	‥	1618	‥	2008	‥	1048
‥	‥	レ	1325	‥	‥	1635	‥	2020	‥	1058
‥	‥	レ	1348	‥	‥	1652	‥	2040	‥	1114
‥	‥	226	1405	‥	‥	1707	‥	2100	‥	1130
‥	‥	240	1425	‥	‥	1724	‥	2118	‥	1144
‥	‥	310	1455	‥	‥	1753	‥	2146	‥	1213
‥	‥	レ	=	‥	‥	=	‥	=	‥	1234
‥	‥	415	‥	‥	‥	‥	‥	‥	‥	1321
‥	‥	435	‥	‥	‥	‥	‥	‥	‥	1342
‥	‥	457	‥	‥	‥	‥	‥	‥	‥	1407
‥	‥	507	‥	‥	‥	‥	‥	‥	‥	1420
‥	1105	526	‥	‥	‥	‥	1615	‥	‥	1440
‥	1123	542	‥	‥	‥	‥	1633	‥	‥	1456
‥	1132	レ	‥	‥	‥	‥	1642	‥	‥	1504
‥	1155	607	‥	‥	‥	‥	1703	‥	‥	1524
‥	1213	617	‥	‥	‥	‥	1716	‥	‥	1535
‥	1224	627	‥	‥	‥	‥	1728	‥	‥	1547
‥	1241	644	‥	‥	‥	‥	1746	‥	‥	1604
‥	1255	655	‥	‥	‥	‥	1800	‥	‥	1615
‥	1301	710	‥	‥	‥	‥	1805	‥	‥	1620
‥	1313	レ	‥	‥	‥	‥	レ	‥	‥	レ
‥	1321	レ	‥	‥	‥	‥	1824	‥	‥	レ
‥	1333	レ	‥	‥	‥	‥	レ	‥	‥	レ
‥	1341	732	‥	‥	‥	‥	1842	‥	‥	1653
‥	1350	740	‥	‥	‥	‥	1850	‥	‥	1700

蒲　郡発	1304	‥	‥	937	1549	‥	‥	‥	1838
御　油発	1320	‥	‥	954	1604	‥	‥	‥	1853
豊　橋発	1337	‥	‥	1012	1625	‥	‥	‥	1910
鷲　津発	1407	‥	‥	1043	1700	‥	‥	‥	1940
舞　坂発	1424	‥	‥	1101	1720	‥	‥	‥	1958
浜　松着	1441	‥	‥	1120	1736	‥	‥	‥	2015
浜　松発	1450	‥	‥	1130	1810	610	‥	‥	2050
中　泉発	1508	‥	‥	1148	1832	628	‥	‥	2112
袋　井発	1522	‥	‥	1202	1850	643	‥	‥	2133
掛　川発	1538	‥	‥	1218	1908	700	‥	‥	2154
堀ノ内発	1558	‥	‥	1234	1925	718	‥	‥	2215
金　谷発	1615	‥	‥	1255	1943	736	‥	‥	2240
島　田発	1629	‥	‥	1310	1956	748	‥	‥	2300
藤　枝発	1641	‥	‥	1326	2011	803	‥	‥	2316
焼　津発	1652	‥	‥	1340	2022	815	‥	‥	2330
静　岡着	1710	‥	‥	1405	2042	835	‥	‥	2350
静　岡発	1720	515	‥	1435	‥	840	‥	725	‥
江　尻発	1738	533	‥	1453	‥	858	‥	744	‥
興　津発	1748	543	‥	1503	‥	908	‥	756	‥
蒲　原発	1807	600	‥	レ	‥	924	‥	813	‥
岩　淵発	1818	613	‥	1527	‥	934	‥	825	‥
鈴　川発	1834	632	‥	1542	‥	949	‥	841	‥
沼　津発	1905	703	‥	1612	‥	1025	‥	910	‥
佐　野発	1926	726	‥	1633	‥	1049	‥	＝	‥
御殿場発	2013	815	‥	1720	‥	1136	‥	‥	‥
小　山発	2034	838	‥	1743	‥	1157	‥	‥	‥
山　北発	2057	908	‥	1805	‥	1225	‥	‥	‥
松　田発	レ	919	‥	1816	‥	1236	‥	‥	‥
国府津発	2125	940	‥	1837	‥	1310	710	‥	‥
大　磯発	2142	958	‥	1854	‥	1328	727	‥	‥
平　塚発	2149	1008	‥	1904	‥	1337	734	‥	‥
藤　沢発	2208	1029	‥	1925	‥	1358	757	‥	‥
大　船発	レ	1039	‥	1935	‥	1408	812	‥	‥
戸　塚発	レ	1051	‥	1946	‥	1418	823	‥	‥
程ケ谷発	レ	1111	‥	2004	‥	1436	840	‥	‥
横　浜発	2250	1125	‥	2014	‥	1447	856	‥	‥
神奈川発	2255	1130	‥	2020	‥	1452	902	‥	‥
鶴　見発	レ	レ	‥	レ	‥	レ	914	‥	‥
川　崎発	レ	1148	‥	レ	‥	1510	922	‥	‥
大　森発	レ	レ	‥	レ	‥	レ	934	‥	‥
品　川発	2327	1207	‥	2052	‥	1527	942	‥	‥
新　橋着	2335	1215	‥	2100	‥	1535	951	‥	‥

新橋〜横浜〜国府津・横須賀間の時刻改正——明治24年1月12日——

明治22年（1889）7月1日の時刻改正による時刻表は【表61】（128〜135ページ）に掲載した。それによれば、新橋〜国府津間の列車は長距離列車を除き3往復、新橋〜横浜間は9往復が設定されていた。

新橋〜国府津間列車は下り新橋発8時0分・12時5分・18時50分、上り国府津発6時55分・8時40分・19時25分の3往復であった。新橋〜横浜間列車は下り新橋発6時40分・8時35分（大森・川崎・鶴見通過）・10時50分・13時25分・16時0分・18時15分・20時30分・21時55分・23時15分（大森・川崎・鶴見通過）、上り横浜発6時30分・7時20分・9時15分（鶴見・川崎・大森通過）・11時30分・14時0分・15時35分・17時5分・19時50分・22時5分である。

新橋〜国府津間では新橋発の一番列車は8時0分発で、国府津には10時35分に着く。所要時間は2時間35分である。新橋〜横浜間は所要時間55分、大森・川崎・鶴見通過の列車は45分で突っ走っていた。ちなみに、現在、朝一番の321Mでは東京発5時20分、国府津着は6時32分。東京駅発であるが、所要時間は1時間12分となっており、当時の約半分である。

大船〜横須賀間列車は、下り大船発7時35分・9時45分・13時45分・16時5分・18時15分・20

時30分、上り横須賀発６時40分・８時50分・11時15分・14時50分・17時０分・19時30分の６往復である。所要時間は概ね45分であり、いずれも大船で東海道線列車に接続していた。新橋発８時０分～大船着９時36分、乗り換えて大船発９時45分～横須賀着10時30分となり、新橋～横須賀間の所要時間は２時間30分であった。現在、４２０Ｆは東京発５時24分、横須賀着は６時40分であり、所要時間は１時間16分である。したがって、明治22年７月１日時点で、新橋～横須賀間においても、やはり現在の倍ほどの時間を要していたことがわかる。

最初の時刻改正は明治24年（１８９１）１月12日に実施している。その時刻表は【表67】である。新橋～国府津間区間列車は３往復のままである。

下り改正前の新橋発８時０分・12時５分・18時50分は、改正後９時35分・16時45分・18時50分となり、上り改正前の国府津発６時55分・８時40分・19時25分は、改正後７時30分・11時５分・17時15分となった。

新橋～横浜間列車は９往復から７往復となっている。下り改正前の新橋発６時40分・８時35分（大森・川崎・鶴見通過）・10時50分・13時25分・16時０分・18時15分・20時30分・21時55分・23時15分（大森・川崎・鶴見通過）の９本は、改正後に新橋発７時０分・９時０分・10時45分・13時10分・17時55分・20時30分・23時15分（大森・川崎・鶴見通過）の７本となり、上り改正前の

1420	・・	1535	・・	1645	・・	1755	1850	・・	2030	2150	2315
1428	・・	1544	・・	1654	・・	1804	1858	・・	2039	2158	2323
レ	・・	1553	・・	1703	・・	1813	レ	・・	2048	レ	レ
1445	・・	1605	・・	1715	・・	1825	1915	・・	2100	レ	レ
レ	・・	レ	・・	1723	・・	1832	レ	・・	2108	レ	レ
1500	・・	1620	・・	1735	・・	1845	1930	・・	2120	2230	2355
1505	・・	1625	・・	1740	・・	1850	1935	・・	2125	2235	2400
1510	・・	1630	・・	1745	・・	・・	1940	・・	・・	2240	・・
1518	・・	1640	・・	1752	・・	・・	1947	・・	・・	2251	・・
1537	・・	1659	・・	1811	・・	・・	2006	・・	・・	レ	・・
1546	・・	1708	・・	1821	・・	・・	2015	・・	・・	レ	・・
‖	1550	‖	1709	‖	1825	・・	‖	2020	・・	‖	・・
‖	1601	‖	1718	‖	1836	・・	‖	2031	・・	‖	・・
‖	1610	‖	1725	‖	1845	・・	‖	2040	・・	‖	・・
‖	1625	‖	1739	‖	1900	・・	‖	2055	・・	‖	・・
1547	・・	1710	・・	1822	・・	・・	2016	・・	・・	レ	・・
1557	・・	1721	・・	1832	・・	・・	2027	・・	・・	2324	・・
1617	・・	1742	・・	1852	・・	・・	2048	・・	・・	レ	・・
1624	・・	1749	・・	1859	・・	・・	2056	・・	・・	レ	・・
1639	・・	1805	・・	1915	・・	・・	2112	・・	・・	005	・・
浜松 2323		静岡 2210								神戸 1810	

【表67-1】明治24年1月12日／新橋～国府津・大船～横須賀間 時刻改正

●下り

新　橋発	600	・・	700	805	・・	900	935	・・	1045	1140	1310
品　川発	608	・・	709	813	・・	909	943	・・	1054	1148	1319
大　森発	レ	・・	718	821	・・	918	レ	・・	1103	レ	1328
川　崎発	レ	・・	730	832	・・	930	1000	・・	1115	1205	1340
鶴　見発	レ	・・	738	839	・・	938	レ	・・	1123	レ	1348
神奈川発	640	・・	750	850	・・	950	1015	・・	1135	1220	1400
横　浜着	645	・・	755	855	・・	955	1020	・・	1140	1225	1405
横　浜発	650	・・	・・	900	・・	・・	1025	・・	・・	1230	・・
程ケ谷発	657	・・	・・	907	・・	・・	1032	・・	・・	1237	・・
戸　塚発	716	・・	・・	926	・・	・・	1051	・・	・・	1256	・・
大　船着	725	・・	・・	935	・・	・・	1100	・・	・・	1305	・・
大　船発	‖	726	・・	‖	940	・・	‖	1210	・・	‖	・・
鎌　倉発	‖	735	・・	‖	951	・・	‖	1221	・・	‖	・・
逗　子発	‖	743	・・	‖	1000	・・	‖	1230	・・	‖	・・
横須賀着	‖	756	・・	‖	1015	・・	‖	1245	・・	‖	・・
大　船発	727	・・	・・	937	・・	・・	1102	・・	・・	1307	・・
藤　沢発	737	・・	・・	946	・・	・・	1112	・・	・・	1316	・・
平　塚発	758	・・	・・	1007	・・	・・	1135	・・	・・	1338	・・
大　磯発	805	・・	・・	1014	・・	・・	1144	・・	・・	1345	・・
国府津着	822	・・	・・	1030	・・	・・	1200	・・	・・	1400	・・
終　着	大阪 030			名古屋 2130						神戸 805	

浜松 615		神戸 2130							名古屋 820		大阪 445
1308	・・	1513	・・	・・	・・	1715	・・	・・	1917	・・	2143
1327	・・	1530	・・	・・	・・	1732	・・	・・	1934	・・	レ
1336	・・	1537	・・	・・	・・	1743	・・	・・	1942	・・	2204
1358	・・	1558	・・	・・	・・	1808	・・	・・	2004	・・	2222
1407	・・	1607	・・	・・	・・	1818	・・	・・	2014	・・	レ
‖	1500	‖	1630	・・	1745	‖	・・	1935	‖	・・	‖
‖	1516	‖	1646	・・	1800	‖	・・	1951	‖	・・	‖
‖	1526	‖	1655	・・	1808	‖	・・	2000	‖	・・	‖
‖	1536	‖	1705	・・	1817	‖	・・	2010	‖	・・	‖
1409	・・	1609	・・	・・	・・	1824	・・	・・	2016	・・	レ
1420	・・	1619	・・	・・	・・	1834	・・	・・	2026	・・	レ
1440	・・	1638	・・	・・	・・	1853	・・	・・	2045	・・	2252
1448	・・	1646	・・	・・	・・	1900	・・	・・	2053	・・	2300
1455	・・	1651	・・	1745	・・	1905	2000	・・	2058	2200	2305
1501	・・	1656	・・	1751	・・	1911	2006	・・	2103	2206	2310
1513	・・	レ	・・	1803	・・	1923	2018	・・	レ	2218	レ
1521	・・	レ	・・	1811	・・	1931	2026	・・	2120	2226	レ
1533	・・	レ	・・	1823	・・	1943	2038	・・	レ	2238	レ
1541	・・	1727	・・	1831	・・	1951	2046	・・	2137	2246	2342
1550	・・	1735	・・	1840	・・	2000	2055	・・	2145	2255	2350

【表67-2】明治24年１月12日／新橋〜国府津・大船〜横須賀間 時刻改正

●上り

始発			神戸 1200					静岡 515			
国府津発	‥	‥	609	‥	‥	730	‥	940	‥	1105	‥
大磯発	‥	‥	625	‥	‥	748	‥	958	‥	1123	‥
平塚発	‥	‥	632	‥	‥	757	‥	1008	‥	1132	‥
藤沢発	‥	‥	653	‥	‥	820	‥	1029	‥	1152	‥
大船着	‥	‥	702	‥	‥	830	‥	1037	‥	1201	‥
横須賀発	‥	625	‖	‥	802	‖	‥	‖	1120	‖	‥
逗子発	‥	641	‖	‥	816	‖	‥	‖	1136	‖	‥
鎌倉発	‥	650	‖	‥	825	‖	‥	‖	1146	‖	‥
大船着	‥	700	‖	‥	833	‖	‥	‖	1156	‖	‥
大船発	‥	‥	704	‥	‥	835	‥	1039	‥	1203	‥
戸塚発	‥	‥	715	‥	‥	846	‥	1051	‥	1215	‥
程ケ谷発	‥	‥	733	‥	‥	907	‥	1111	‥	1236	‥
横浜着	‥	‥	740	‥	‥	915	‥	1120	‥	1245	‥
横浜発	630	‥	745	820	‥	920	1020	1125	‥	1250	1350
神奈川発	636	‥	750	826	‥	925	1026	1130	‥	1256	1355
鶴見発	648	‥	レ	838	‥	レ	1038	レ	‥	1308	レ
川崎発	656	‥	レ	846	‥	レ	1046	レ	‥	1316	レ
大森発	708	‥	レ	858	‥	レ	1058	レ	‥	1328	レ
品川発	716	‥	822	906	‥	956	1106	1202	‥	1336	1427
新橋着↓	725	‥	830	915	‥	1005	1115	1210	‥	1345	1435

横浜発6時30分・7時20分・9時15分（鶴見・川崎・大森通過）・11時30分・14時0分・15時35分・17時5分・19時50分・22時5分の9本も、改正後に横浜発6時30分・8時20分・10時20分・13時50分（鶴見・川崎・大森通過）・17時45分・20時0分・22時0分と、やはり7本となって、2往復減となっている。

大船〜横須賀間は7往復と1往復増発となっている。下り改正前は大船発7時35分・9時45分・13時45分・16時5分・18時15分・20時30分の6本だが、改正後には大船発7時26分・9時40分・12時10分・15時50分・17時9分・18時25分・20時20分の7本となった。上りも同様に、改正前の横須賀発6時40分・8時50分・11時15分・14時50分・17時0分・19時30分の6本から、改正後に横須賀発6時25分・8時2分・11時20分・15時0分・16時30分・17時45分・19時35分の7本となった。下り一番列車である大船発7時26分の列車は横須賀着7時56分で、所要時間は改正前には45分であったが、何と30分に短縮されている。他の列車でも最大35分であり、かなりの速度向上が図られたのである。

新橋～横浜～国府津・横須賀間の時刻改正——明治25年1月23日・4月16日——

明治25年（１８９２）1月23日の「官報」第２５６７号附録「全國鐵道發車時刻表」が手許にあるので、変化を見てみよう。この時刻表は明治24年（１８９１）10月28日の濃尾地震の影響に対応した時刻表と考えられるのだが、時刻改正の日時は記載されておらず、その当時の時刻表として理解することにした。

新橋～国府津間列車は、下り改正前の新橋発9時35分・16時45分・18時50分の３本が、改正後は16時45分・18時50分と２本となり、上りも同様に改正前の7時30分・11時5分・17時15分が、改正後7時20分・17時15分の２本となって、１往復減となった。

新橋～横浜間列車は、下り改正前の7時0分・9時0分・10時45分・13時10分・17時55分・20時30分・23時15分（大森・川崎・鶴見通過）の7本が、改正後に7時0分・9時0分・10時45分・13時10分（急行）・17時55分・19時30分・20時30分・23時15分（急行）の８本に、上り改正前の6時30分・8時20分・10時20分・13時50分（鶴見・川崎・大森通過）・17時45分・20時0分・22時0分の７本は、改正後に6時30分・8時20分・10時10分・13時50分（急行）・16時0分・17時45分・20時0分・21時55分の８本となって、１往復増発となっている。

新橋から横須賀へは、直通列車が1往復登場する。下り新橋発9時35分～大船着11時0分・大船発11時3分～横須賀着11時36分、上り横須賀発11時40分～大船着12時13分・大船発12時15分～新橋着13時50分である。改正前の新橋～国府津間列車の時刻を振り替えた時刻となっている。新橋～横須賀間の所要時間は下り2時間1分、上り2時間10分である。

大船～横須賀間列車はこの1往復を除き、改正前の大船発7時26分・9時40分・12時10分・15時50分・17時9分・18時25分・20時20分は、改正後7時26分・9時40分・14時10分・15時50分・17時9分・18時25分・20時20分に、上り改正前の横須賀発6時25分・8時2分・11時20分・15時0分・16時30分・17時45分・19時35分は、改正後に6時25分・8時2分・13時30分・15時0分・16時30分・17時45分・19時35分となった。直通列車を加えて8往復と、1往復増発している。

その後、濃尾地震からの復興に関連して、明治25年（1892）4月16日に時刻改正を実施している。明治25年12月28日「官報」第2852号「全國汽車發著時刻及乘車賃金表」によって見てみよう。

新橋～国府津間列車は、下り改正前は新橋発16時45分・18時50分で、改正後は16時45分・18時50分、上り改正前は国府津発7時20分・17時15分で、改正後は7時20分・17時15分と変化はなく、2往復であった。

新橋〜横浜間列車は、下り改正前は新橋発７時０分・９時０分・10時45分・13時10分（急行）・17時55分・19時30分・20時30分・23時15分（急行）、改正後は新橋発７時０分・９時０分・10時45分・13時10分（各駅停車となっている）・16時０分・17時55分・19時30分・20時30分・23時15分（急行）で、上り改正前は横浜発６時30分・８時20分・10時10分・13時50分（急行）・16時０分・17時45分・20時０分・21時55分、改正後は横浜発６時30分・８時20分・10時10分・13時50分（鶴見・大森通過）・16時０分・17時45分・20時０分・21時55分と、大きな変化はなかった。

新橋から横須賀へ登場した直通列車１往復においても、この改正では下り新橋発９時35分〜大船着11時０分・大船発11時３分〜横須賀着11時36分、上り横須賀発11時40分〜大船着12時13分・大船発12時15分〜新橋着13時50分で、変化はなかった。

大船〜横須賀間列車は上記１往復を除き、下り改正前は大船発７時26分・９時40分・14時10分・15時50分・17時９分・18時25分・20時20分で、改正後は大船発７時26分・９時38分・14時10分・15時50分・17時９分・18時25分・20時18分と大きな変化は見られない。同様に、上り改正前は横須賀発６時25分・８時２分・13時30分・15時０分・16時30分・17時45分・19時35分で、改正後は６時25分・８時２分・13時30分・15時０分・16時30分・17時45分・19時35分であり、こちらは全く変化はなかった。

新橋～横浜～国府津・横須賀間の時刻改正――明治26年5月1日――

続く明治26年（1893）5月1日・11月1日の時刻改正は、明治26年7月31日「官報」第3026号附録「全國汽車發著時刻及乘車賃金表」に掲載されている。

新橋～国府津間列車は、下り改正前は新橋発16時45分・18時50分で、改正後も同じ16時45分・18時50分である。上り改正前は国府津発7時20分・17時15分で、改正後は7時30分・17時15分であり、2往復に大きな変化はなかった。

新橋～横浜間列車は、下り改正前は新橋発9時0分・10時45分・13時10分・16時45分・17時55分・19時30分・20時30分・23時15分（急行）であったが、改正後は新橋発8時55分・10時35分・13時10分・17時55分・19時30分・20時30分・23時15分（川崎・鶴見通過）となった。上り改正前は横浜発6時30分・8時20分・10時10分・13時50分（鶴見・大森通過）・16時0分・17時45分・20時0分・21時55分であったが、改正後は横浜発6時30分・10時5分・13時50分（鶴見・大森通過）・15時55分・18時0分・20時0分・21時55分となっている。

新橋から横須賀への直通列車1往復は、下り新橋発9時35分～大船着11時0分・大船発11時2分～横須賀着11時35分、上り横須賀発11時40分～大船着12時13分・大船発12時15分～新橋着13時

50分で、大きな変化はなかった。

大船〜横須賀間列車は上記1往復を除き、下り改正前の大船発7時26分・9時38分・14時10分・15時50分・17時9分・18時25分・20時18分には変化がないが、上りでは改正前の横須賀発6時40分・8時2分・13時30分・15時0分・16時30分・17時45分・19時35分が、改正後は横須賀発6時40分・8時2分・9時25分（横浜行）・15時0分・16時30分・17時45分・19時35分となっている。上り横須賀発9時25分は横浜行となっているが、横須賀発9時25分、大船着10時0分・発10時2分、横浜着10時37分である。

新橋〜横浜〜国府津・横須賀間の時刻改正
——明治27年4月16日・5月5・7日・6月10日——

何度も述べたように明治27年（1894）に『汽車汽船旅行案内』が発刊される。他線区と同様に、新橋〜横浜〜横須賀間も明治27年4月16日・5月5・7日・6月10日の時刻改正と書かれている。この改正による時刻表は【表68】（192〜195ページ）のとおりである。

新橋〜国府津間は、改正前は新橋発16時45分・18時50分、国府津発7時30分・17時15分であった。この改正により、新橋発9時20分・17時50分・19時30分・国府津発7時10分・11時5分・16時15分の3往復と、1往復の増発となっている。

新橋〜横浜間は、改正前は下り新橋発8時55分・10時35分・13時10分・17時55分・19時30分・20時30分・23時15分（川崎・鶴見通過）、上りは横浜発6時30分・10時5分・13時50分（鶴見・大森通過）・15時55分・18時0分・20時0分・21時55分の7往復であった。改正後は下り新橋発8時50分（大森・鶴見通過）・10時20分・11時0分（大森・鶴見通過）・13時30分・15時25分・16時50分・18時40分・20時20分・21時5分（川崎・鶴見通過）・23時10分（川崎・鶴見通過）、上り横浜発6時0分・7時30分・8時15分（鶴見・大森通過）・10時25分・13時40分・15時30分・17時5分・21時5分・22時0分・23時30分の10往復となり、3往復の増発となっている。

新橋から横須賀への直通列車は、改正前は下り新橋発9時35分〜大船着11時0分・大船発11時2分〜横須賀着11時35分、上り横須賀発11時40分〜大船着12時13分・大船発12時15分〜新橋着13時50分の1往復であった。改正後は、下り新橋発5時50分〜大船着7時25分・大船発7時30分〜横須賀着8時5分、新橋発7時30分〜大船着9時6分・大船発9時8分・横須賀着9時40分、新橋発12時35分〜大船着14時8分・大船発14時10分〜横須賀着14時41分、上り横須賀発8時35分〜大船着9時7分・大船発9時10分〜新橋着10時30分（神奈川・鶴見・川崎・大森通過）、横須賀

発10時25分～大船着10時57分・大船発11時５分～新橋着12時50分、横須賀発17時42分～大船着18時15分・大船発18時20分～新橋着19時55分と、３往復に増発されている。

大船～横須賀間列車は前記３往復を除き、下り改正前の大船発７時26分・９時38分・14時10分・15時50分・17時９分・18時25分・20時18分が、改正後は大船発７時54分・11時５分・13時15分・16時０分・17時40分・19時25分・21時８分となり、上り改正前の横須賀発８時35分・９時25分（横浜行）・15時０分・16時30分・17時45分・19時35分が、改正後は横須賀発５時40分・11時41分・13時15分・15時０分・16時40分・18時45分となった。下りは改正後も７本であったが、上りの横須賀・横浜間列車１本は廃止され、横須賀～大船間列車は６本となった。

【表68-1】明治27年４月16日・５月5･7日・６月10日／
新橋～国府津・大船～横須賀間 時刻改正(下り)

・・	1650	1750	・・	1840	1930	・・	2020	2105	2155	2310
・・	1659	1758	・・	1849	1939	・・	2029	2113	2203	2318
・・	1708	レ	・・	1858	1948	・・	2038	2122	レ	2326
・・	1720	1815	・・	1910	2000	・・	2050	レ	2220	レ
・・	1728	レ	・・	1918	2008	・・	2058	レ	レ	レ
・・	1740	1830	・・	1930	2020	・・	2110	2148	2235	2353
・・	1745	1835	・・	1935	2025	・・	2115	2153	2240	2358
・・	・・	1840	・・	・・	2030	・・	・・	・・	2245	・・
・・	・・	1847	・・	・・	2037	・・	・・	・・	2253	・・
・・	・・	1906	・・	・・	2056	・・	・・	・・	レ	・・
・・	・・	1915	・・	・・	2105	・・	・・	・・	レ	・・
1740	・・	‖	1925	・・	‖	2108	・・	・・	‖	・・
1750	・・	‖	1935	・・	‖	2118	・・	・・	‖	・・
1758	・・	‖	1943	・・	‖	2126	・・	・・	‖	・・
1811	・・	‖	1956	・・	‖	2140	・・	・・	‖	・・
・・	・・	1917	・・	・・	2107	・・	・・	・・	レ	・・
・・	・・	1926	・・	・・	2116	・・	・・	・・	2330	・・
・・	・・	1947	・・	・・	2136	・・	・・	・・	レ	・・
・・	・・	1955	・・	・・	2144	・・	・・	・・	レ	・・
・・	・・	2011	・・	・・	2200	・・	・・	・・	013	・・
									神戸 1730	

新　橋発	550	620	・・	730	805	850	920	・・	1020
品　川発	559	628	・・	739	813	858	929	・・	1029
大　森発	608	レ	・・	748	レ	レ	938	・・	1038
川　崎発	620	レ	・・	800	830	915	950	・・	1050
鶴　見発	628	レ	・・	808	レ	レ	958	・・	1058
神奈川発	640	700	・・	820	845	930	1010	・・	1110
横　浜着	645	705	・・	825	850	935	1015	・・	1115
横　浜発	651	710	・・	830	855	・・	1022	・・	・・
程ケ谷発	658	715	・・	839	903	・・	1029	・・	・・
戸　塚発	716	736	・・	857	922	・・	1049	・・	・・
大　船着	725	745	・・	906	932	・・	1058	・・	・・
大　船発	730	‖	754	908	‖	・・	‖	1105	・・
鎌　倉発	741	‖	804	918	‖	・・	‖	1115	・・
逗　子発	751	‖	812	926	‖	・・	‖	1123	・・
横須賀着	805	‖	825	940	‖	・・	‖	1136	・・
大　船発	・・	747	・・	・・	935	・・	1100	・・	・・
藤　沢発	・・	756	・・	・・	946	・・	1109	・・	・・
平　塚発	・・	817	・・	・・	1007	・・	1130	・・	・・
大　磯発	・・	824	・・	・・	1014	・・	1138	・・	・・
国府津着	・・	843	・・	・・	1032	・・	1155	・・	・・
終　　着		神　戸 131			大　垣 2130				

新　橋発	1100	1145	・・	1235	1330	1430	・・	1525	1610
品　川発	1109	1153	・・	1244	1339	1438	・・	1534	1618
大　森発	レ	1201	・・	1253	1348	レ	・・	1543	レ
川　崎発	1126	レ	・・	1305	1400	1455	・・	1555	1635
鶴　見発	レ	レ	・・	1313	1408	レ	・・	1603	レ
神奈川発	1140	1226	・・	1325	1420	1510	・・	1615	1650
横　浜着	1145	1230	・・	1330	1425	1515	・・	1620	1655
横　浜発	・・	1235	・・	1335	・・	1520	・・	・・	1700
程ケ谷発	・・	1242	・・	1342	・・	1527	・・	・・	1707
戸　塚発	・・	1300	・・	1400	・・	1547	・・	・・	1726
大　船着	・・	1309	・・	1408	・・	1556	・・	・・	1735
大　船発	・・	‖	1315	1410	・・	‖	1600	・・	‖
鎌　倉発	・・	‖	1325	1420	・・	‖	1609	・・	‖
逗　子発	・・	‖	1333	1428	・・	‖	1617	・・	‖
横須賀着	・・	‖	1346	1441	・・	‖	1630	・・	‖
大　船発	・・	1310	・・	・・	・・	1557	・・	・・	1737
藤　沢発	・・	1319	・・	・・	・・	1607	・・	・・	1746
平　塚発	・・	1338	・・	・・	・・	1627	・・	・・	1807
大　磯発	・・	1345	・・	・・	・・	1634	・・	・・	1814
国府津着	・・	1404	・・	・・	・・	1651	・・	・・	1835
終　　着		神　戸 655				浜　松 2315			静　岡 2230

【表68-2】明治27年４月16日・５月5･7日・６月10日／
新橋～国府津・大船～横須賀間 時刻改正（上り）

	静岡 515
‥	940
‥	958
‥	1008
‥	1029
‥	1037
‥	‖
‥	‖
‥	‖
‥	‖
‥	1039
‥	1051
‥	1111
‥	1120
1025	1125
1031	1130
1043	レ
1051	1148
1103	レ
1111	1207
1120	1215

					大垣 535			大阪 440	
‥	‥	1615	‥	‥	1837	‥	‥	2125	‥
‥	‥	1633	‥	‥	1854	‥	‥	2142	‥
‥	‥	1642	‥	‥	1904	‥	‥	2149	‥
‥	‥	1703	‥	‥	1925	‥	‥	2208	‥
‥	‥	1712	‥	‥	1933	‥	‥	レ	‥
1640	‥	‖	1742	1845	‖	‥	‥	‖	‥
1654	‥	‖	1757	1859	‖	‥	‥	‖	‥
1704	‥	‖	1807	1909	‖	‥	‥	‖	‥
1712	‥	‖	1815	1917	‖	‥	‥	‖	‥
‥	‥	1716	1820	‥	1935	‥	‥	レ	‥
‥	‥	1728	1831	‥	1946	‥	‥	レ	‥
‥	‥	1746	1848	‥	2004	‥	‥	レ	‥
‥	‥	1754	1855	‥	2010	‥	‥	2245	‥
‥	1705	1800	1900	‥	2014	2105	2200	2250	2330
‥	1711	1805	1906	‥	2020	2111	2206	2255	2336
‥	1723	レ	1918	‥	レ	2123	2218	レ	2348
‥	1731	1824	1926	‥	レ	2131	2226	レ	2356
‥	1743	レ	1938	‥	レ	2143	2238	レ	008
‥	1751	1842	1946	‥	2052	2151	2246	2327	016
‥	1800	1850	1955	‥	2100	2200	2255	2335	025

始発				神戸 1200					
国府津発	・・	・・	・・	526	・・	・・	・・	710	・・
大磯発	・・	・・	・・	542	・・	・・	・・	727	・・
平塚発	・・	・・	・・	レ	・・	・・	・・	734	・・
藤沢発	・・	・・	・・	607	・・	・・	・・	757	・・
大船着	・・	・・	・・	615	・・	・・	・・	807	・・
横須賀発	・・	540	・・	‖	・・	・・	737	‖	835
逗子発	・・	554	・・	‖	・・	・・	752	‖	849
鎌倉発	・・	603	・・	‖	・・	・・	802	‖	859
大船着	・・	611	・・	‖	・・	・・	810	‖	907
大船発	・・	・・	・・	617	・・	・・	・・	812	910
戸塚発	・・	・・	・・	レ	・・	・・	・・	823	921
程ケ谷発	・・	・・	・・	レ	・・	・・	・・	840	937
横浜着	・・	・・	・・	645	・・	・・	・・	848	945
横浜発	600	・・	・・	650	730	815	・・	856	950
神奈川発	606	・・	・・	655	736	820	・・	902	レ
鶴見発	618	・・	・・	レ	748	レ	・・	914	レ
川崎発	626	・・	・・	レ	756	838	・・	922	レ
大森発	638	・・	・・	レ	808	レ	・・	934	レ
品川発	646	・・	・・	727	816	857	・・	942	1023
新橋着↓	655	・・	・・	735	825	905	・・	951	1030

始発						浜松 610			神戸 2140
国府津発	・・	・・	1105	・・	・・	1310	・・	・・	1440
大磯発	・・	・・	1123	・・	・・	1328	・・	・・	1456
平塚発	・・	・・	1132	・・	・・	1337	・・	・・	1504
藤沢発	・・	・・	1155	・・	・・	1358	・・	・・	1524
大船着	・・	・・	1205	・・	・・	1406	・・	・・	1533
横須賀発	1025	1141	‖	・・	1315	‖	・・	1500	‖
逗子発	1039	1155	‖	・・	1332	‖	・・	1514	‖
鎌倉発	1049	1204	‖	・・	1343	‖	・・	1523	‖
大船着	1057	1212	‖	・・	1352	‖	・・	1531	‖
大船発	1105	・・	1213	・・	・・	1408	・・	・・	1535
戸塚発	1119	・・	1224	・・	・・	1418	・・	・・	1547
程ケ谷発	1140	・・	1241	・・	・・	1436	・・	・・	1604
横浜着	1148	・・	1249	・・	・・	1442	・・	・・	1610
横浜発	1155	・・	1255	1340	・・	1447	1530	・・	1615
神奈川発	1201	・・	1301	1346	・・	1452	1536	・・	1620
鶴見発	1213	・・	1313	1358	・・	レ	1548	・・	レ
川崎発	1221	・・	1321	1406	・・	1510	1556	・・	レ
大森発	1233	・・	1333	1418	・・	レ	1608	・・	レ
品川発	1241	・・	1341	1426	・・	1527	1616	・・	1653
新橋着↓	1250	・・	1350	1435	・・	1535	1625	・・	1700

大府〜武豊間の時刻改正

明治22年（1889）7月1日、東海道線全通に伴う時刻改正では、【表63】（137ページ）のとおり、大府〜武豊間列車は、上り大府発8時55分〜武豊着9時50分、大府発15時0分〜武豊着15時55分、大府発17時35分〜武豊着18時30分、下りは武豊発5時40分〜大府着6時35分、武豊発10時40分〜大府着11時35分、武豊発16時20分〜大府着17時15分の3往復で、所要時間は55分であった。ちなみに、現在の大府〜武豊間の所要時間は最速28分である。

明治24年（1891）1月12日現在の時刻表では、上りは大府発9時5分〜武豊着10時0分、大府発14時55分〜武豊着15時50分、大府発17時25分〜武豊着18時20分、下りは武豊発8時0分〜大府着8時55分、武豊発13時50分〜大府着14時45分、武豊発16時20分〜大府着17時15分となっている。所要時間は55分で変わらず、上りは10分以内の時刻改正であったが、下りは大幅に変更されている。下りの始発列車は改正前には5時40分であったが、武豊発が8時0分発と2時間20分も繰り下げられている。また、改正前の武豊発10時40分は午後に移り13時50分発となった。最終列車の運転時分に変化はなく、所要時間も55分のままであった。

明治24年5月1日の時刻改正では、大府〜武豊間列車の時刻改正は行なわれていない。また、明治25年（１８９２）１月23日の時刻改正でも同様であった。

明治25年４月16日時刻改正では、所要時間を上り50分、下り50分と、速度を向上させて次のようになった。上り大府発９時５分～武豊着９時57分、大府発14時55分～武豊着15時47分、大府発17時25分～武豊着18時37分、下り武豊発８時５分～大府着８時55分、武豊発10時55分～大府着11時45分、武豊発16時25分～大府着17時15分である。

翌明治26年（１８９３）６月20日改正では大府～武豊間列車に変化はなかった。

明治27年（１８９４）10月５日発行の『汽車汽船旅行案内』によると、明治27年４月16日、５月５・７日、６月10日改正となっていて、【表69】に見られるように３往復から５往復に増発された。増発されたのは、上り大府発６時30分～武豊着７時21分、大府発12時10分～武豊着13時５分、下り武豊発13時40分～大府着14時35分、武豊発18時30分～大府着19時18分で、この列車は所要時間48分と最速である。

【表69】明治27年４月16日、５月５・７日、６月10日／大府～武豊間 時刻改正

●下り

武　豊発	730	1055	1340	1625	1830
半　田発	744	1109	1356	1639	1843
亀　崎発	756	1121	1410	1651	1854
大　府着	820	1145	1435	1715	1918

●上り

大　府発	630	905	1210	1455	1725
亀　崎発	658	931	1238	1521	1751
半　田発	708	943	1250	1533	1803
武　豊着	721	957	1305	1547	1817

時刻を35分繰り上げたのは、武豊発7時30分〜大府着8時20分である。

米原〜金ケ崎間の時刻改正

東海道線の全通により、長浜〜金ケ崎間は米原〜長浜間を延長して米原〜金ケ崎間となり、米原駅は北陸への路線の接続駅となった。明治22年（1889）7月1日の時刻改正では【表61】（128〜135ページ）及び【表62】（137ページ）のとおりである。次のような列車が走り、かつ東海道線と接続していた。

・新　橋発16時45分　↓　米原発7時45分
・京　都発5時35分　↓　米原発8時13分・米原発8時20分　↓　金ケ崎着10時30分
・名古屋発11時50分　↓　米原発14時49分
・神　戸発9時55分　↓　米原発15時22分・米原発15時25分　↓　金ケ崎着17時33分
・静　岡発7時15分　↓　米原発17時07分
・神　戸発13時55分　↓　米原発19時25分・米原発19時30分　↓　金ケ崎着21時40分

＊

・金ケ崎発5時40分 → 米原着7時39分・米原発7時45分 → 神　戸着12時50分
・　　　　　　　　　　　　　　　　米原発8時13分 → 新　橋着23時50分
・金ケ崎発12時15分 → 米原着14時30分・米原発14時49分 → 神　戸着20時35分
・　　　　　　　　　　　　　　　　米原発15時22分 → 名古屋着18時7分
・金ケ崎発14時50分 → 米原着16時55分・米原発17時7分 → 神　戸着22時58分
・　　　　　　　　　　　　　　　　米原発19時25分 → 名古屋着22時15分

米原発金ケ崎行列車の所要時間は下り2時間8〜10分、金ケ崎発米原行列車の所要時間は2時間5分であった。例えば、下り新橋発16時45分の列車に乗れば、米原着7時45分、乗り換えの列車は米原発8時20分で金ケ崎には10時30分に着く。所要時間はじつに17時間45分である。上り金ケ崎発5時40分に乗れば、新橋には23時50分に着く。所要時間は18時間10分である。

現在であれば、例えば東京発8時33分の「ひかり５０５号」に乗り、米原着は10時44分、米原からは名古屋始発「しらさぎ5号」に乗り込む。米原発10時56分、敦賀着11時24分となり、2時間51分で到着する。所要時間は約6分の1に短縮されているのである。

明治24年（1891）1月12日の時刻表では、米原発8時40分・15時50分・19時20分・金ケ崎着10時50分・18時0分・21時30分、金ケ崎発6時15分・11時45分・16時20分、米原着8時20分・14時0分・18時30分となる。時刻が大きく変わっているのは金ケ崎発最終列車で、14時50分から16時20分と1時間30分繰り下がっている。

明治25年（1892）1月23日の時刻表では1日4往復と1往復増発されている。米原発は8時20分・11時0分・16時25分・19時30分、金ケ崎発5時50分・11時15分・14時0分・16時55分である。資料では着時刻は不明である。

この年の4月16日の時刻改正では、次のようになった。

・名古屋発5時40分　↓　米原発8時20分
・大　阪発4時40分　↓　米原発8時26分・米原発8時40分　↓　金ケ崎着10時34分
・神　戸発6時10分　↓　米原発11時17分・米原発11時25分　↓　金ケ崎着13時18分
・静　岡発6時0分　↓　米原発15時42分
・神　戸発8時55分　↓　米原発14時7分・米原発15時50分　↓　金ケ崎着18時0分

・浜　松発11時55分→米原発18時42分
・神　戸発13時50分→米原発19時11分・米原発19時20分→金ケ崎着21時15分

＊

・金ケ崎発6時20分→米原着8時20分・米原発8時32分→神　戸着13時40分
・米原発8時30分→新　橋着23時50分
・金ケ崎発11時45分→米原着13時55分・米原発15時47分→神　戸着21時25分
・米原発14時11分→浜　松着20時15分
・金ケ崎発13時35分→米原着15時43分・米原発15時47分→神　戸着21時25分
・米原発17時16分→新　橋着8時30分
・金ケ崎発16時20分→米原着18時30分・米原発18時47分→神　戸着23時54分
・米原発19時16分→名古屋着22時5分

全部の列車が東海道線とすぐに接続があるわけではなくなっている。所要時間は米原発金ケ崎

【表70】明治27年4月16日・5月5・7日・6月10日／米原〜金ケ崎間 時刻改正

●下り

米　原発	850	1315	1550	1920
長　浜発	906	1335	1610	1936
高　月発	927	1356	1632	1957
井ノ口発	932	1401	1637	2002
木ノ本発	939	1407	1644	2008
中ノ郷発	950	1418	1657	2019
柳ケ瀬発	1003	1431	1712	2033
疋　田発	1026	1454	1737	2057
敦　賀発	1041	1509	1755	2100
金ケ崎着	1045	1513	1800	2115

●上り

金ケ崎発	620	830	1335	1620
敦　賀発	626	836	1342	1625
疋　田発	640	850	1356	1641
柳ケ瀬発	710	920	1431	1713
中ノ郷発	720	930	1442	1724
木ノ本発	730	940	1453	1736
井ノ口発	737	947	1459	1743
高　月発	743	953	1505	1749
長　浜発	805	1015	1528	1815
米　原着	820	1030	1543	1830

行は始発列車から1時間54分、1時間53分、2時間10分、1時間55分、金ケ崎発米原行は、2時間0分、2時間10分、2時間8分、2時間10分となり、2時間を切る列車が増えた。

翌明治26年（1893）6月20日の時刻改正では、この区間に変化はなかった。

『汽車汽船旅行案内』創刊号に掲載された明治27年（1894）4月16日、5月5・7日、6月10日の時刻改正では、4往復を維持し、若干の列車の時刻を変更し、【表70】のようになった。

・名古屋発5時40分→米原着8時20分
・大阪発4時40分→米原着8時26分・米原発8時50分→金ケ崎着10時45分
・新橋発21時55分→米原着12時20分
・神戸発5時55分→米原着10時47分・米原発13時15分→金ケ崎着15時13分
・静岡発6時0分→米原着15時42分
・神戸発9時0分→米原着14時7分・米原発15時50分→金ケ崎着18時0分
・浜松発11時53分→米原着18時42分
・神戸発13時45分→米原着19時11分・米原発19時20分→金ケ崎着21時15分

＊

・金ケ崎発6時20分→米原着8時20分・米原発8時30分→新橋着23時35分
・米原発8時32分→神戸着13時37分
・金ケ崎発8時30分→米原着10時30分・米原発10時55分→静岡着20時42分
・米原発12時26分→神戸着17時30分

・金ケ崎発13時35分　→　米原着15時43分・米原発17時15分　→　新　橋着7時40分
・　　　　　　　　　　　　　　　　　　米原発15時47分　→　神　戸着21時25分
・金ケ崎発16時20分　→　米原着18時30分・米原発19時50分　→　名古屋着22時40分
・　　　　　　　　　　　　　　　　　　米原発18時47分　→　神　戸着23時50分

接続のよい、金ケ崎発13時35分の列車に乗れば、神戸には21時25分に着くことができる。所要時間は乗り換え時間を含め7時間50分であった。

現在は敦賀からは直通の電車が走っている。敦賀発17時49分の新快速3523M（土休日は3323M）に乗れば、神戸には20時41分に着いてしまう。2時間52分で到着するわけで、7時間50分もかかっていたとはウソのような話である。

馬場～神戸間の時刻改正――明治24年1月12日――

現在もそうであるが、京阪神地区の区間運転は東海道線全通後も設定されていた。ここでは長距離列車を除く区間列車を見てみることとする。

明治22年（1889）7月1日の時刻改正では、馬場〜神戸間3往復、京都〜神戸間1往復、大阪〜神戸間1往復設定されていた。【表71】のとおりである。

馬場〜神戸間列車は、馬場発7時55分・11時55分・13時55分、神戸発7時55分・11時45分・15時45分の3往復であった。馬場発7時55分では神戸着は11時35分であり、所要時間は3時間40分

【表71】明治22年7月1日／馬場〜神戸間の区間列車

●下り

馬　場発	‥	‥	755	1155	1355
京　都発	‥	645	845	1245	1445
大　阪発	625	825	1025	1425	1618
神　戸着↓	735	935	1135	1535	1722

●上り

神　戸発	755	1145	1545	1925	2150
大　阪発	906	1306	1700	2036	2255
京　都発	1045	1445	1840	2205	＝
馬　場着↓	1130	1532	1926	＝	‥

【表72】明治24年1月12日／馬場〜神戸間 時刻改正

●下り

(草津発)	‥	735	‥	‥	‥
馬　場発	‥	755	1200	…	1550
京　都発	700	900	1248	…	1700
大　阪発	833	1040	1419	1525	1847
神　戸着↓	937	1148	1520	1632	1955

●上り

神　戸発	1000	1520	1655	1835	2300
大　阪発	1108	1625	1812	1947	010
京　都発	1245	1805	1953	2115	＝
馬　場着↓	1330	1850	2037	＝	‥
(草津着)	‥	1915	‥	‥	‥

であった。現在では、平日の新快速3415M大津発7時45分に乗れば神戸着は8時57分で、1時間12分の乗車である。

明治24年（1891）1月12日に時刻改正があり、【表72】のようになる。

この改正により馬場～神戸間は3往復（うち1往復は草津～神戸間）、京都～神戸間1往復、大阪～神戸間1往復となった。

馬場～神戸間の時刻改正
——明治25年1月23日・4月16日・26年5月1日・9月20日・27年4月16日——

明治25年（1892）1月23日には時刻改正が実施され、【表73】のようになった。馬場～神戸間3往復、大阪～神戸間3往復、京都～神戸間1往復である。

続いて、同年4月16日にも時刻改正が実施された。【表74】である。馬場～神戸間2往復、京都～神戸間2往復、大阪～神戸間2往復の6往復となった。

翌明治26年（1893）5月1日の時刻改正では、【表75】のとおりとなった。下りは馬場～神戸間は2本、京都～神戸間3本、大阪～神戸間2本の7本、上りは神戸～馬場

【表73】明治25年１月23日／馬場～神戸間 時刻改正

●下り

馬　場発	‥	‥	725	‥	1230	1600	‥
京　都発	‥	615	813	‥	1322	1647	‥
大　阪発	640	747	941	1052	1505	1823	2205
神　戸着↓	748	900	1044	1200	1610	1930	2313

●上り

神　戸発	705	930	1210	1530	1705	1955	2200
大　阪発	816	1038	1323	1643	1813	2110	2308
京　都発	948	＝	1500	1820	＝	2247	＝
馬　場着↓	1030	‥	1542	1900	‥	＝	‥

【表74】明治25年４月16日／馬場～神戸間 時刻改正

●下り

馬　場発	‥	‥	1155	‥	1550	‥
京　都発	700	‥	1242	1340	1700	‥
大　阪発	834	1135	1407	1525	1847	2140
神　戸着↓	938	1240	1520	1632	1955	2249

●上り

神　戸発	725	1025	1300	1655	1835	2010
大　阪発	832	1135	1410	1812	1947	2118
京　都発	1000	1315	＝	1953	2115	＝
馬　場着↓	＝	1400	‥	2036	＝	‥

【表75】明治26年５月１日／馬場～神戸間 時刻改正

●下り

馬　場発	‥	‥	‥	1155	‥	1550	‥
京　都発	‥	700	1000	1242	1340	1700	‥
大　阪発	730	834	1135	1419	1525	1847	2140
神　戸着↓	835	936	1240	1520	1632	1955	2249

●上り

神　戸発	‥	725	1025	1300	1700	1810	1910	2010	2310
大　阪発	630	832	1135	1410	1812	1915	2021	2118	020
京　都発	756	1000	1315	＝	1953	＝	2148	＝	＝
馬　場着↓	＝	＝	1400	‥	2036	‥	＝	‥	‥

【表76】明治27年４月16日／馬場〜神戸間 時刻改正

●下り

馬　場発	・・	・・	・・	・・	・・	・・	1155	・・	1540	・・	・・
大　谷発	・・	・・	・・	・・	・・	・・	1207	・・	1548	・・	・・
山　科発	・・	・・	・・	・・	・・	・・	1218	・・	1601	・・	・・
稲　荷発	・・	・・	・・	・・	・・	・・	1231	・・	1615	・・	・・
京　都着	・・	・・	・・	・・	・・	・・	1237	・・	1620	・・	・・
京　都発	600	700	827	1001	1105	・・	1242	1340	1625	1730	・・
向日町発	613	713	841	1016	1118	・・	1255	1354	1639	1744	・・
山　崎発	629	729	859	1032	1134	・・	1311	1410	1654	1803	・・
高　槻発	646	744	917	1047	1149	・・	1326	1427	1710	1821	・・
茨　木発	700	757	929	1059	1202	・・	1340	1446	1722	1842	・・
吹　田発	715	811	944	1113	1216	・・	1355	1507	1737	1856	・・
大　阪着	729	826	959	1128	1231	・・	1412	1521	1751	1912	・・
大　阪発	733	831	1004	1134	1236	1320	1417	1525	1800	1920	2130
神　崎発	746	845	1018	1148	1249	1335	1433	1539	1814	1935	2144
西ノ宮発	801	901	1035	1203	1301	1351	1446	1555	1828	1950	2159
住　吉発	816	917	1052	1220	1319	1407	1502	1611	1843	2005	2215
三ノ宮発	831	932	1107	1235	1333	1427	1516	1627	1859	2002	2230
神　戸着↓	836	937	1112	1240	1337	1432	1520	1632	1904	2025	2235

●上り

神　戸発	・・	725	825	1025	1245	1620	1700	1810	1910	2010	2300
三ノ宮発	・・	731	831	1032	1251	1626	1706	1816	1917	2017	2308
住　吉発	・・	745	845	1050	1305	1641	レ	1830	1935	2032	2324
西ノ宮発	・・	800	900	1105	1320	1656	1733	1845	1951	2050	2340
神　崎発	・・	815	915	1120	1335	1711	レ	1902	2005	2105	2356
大　阪着	・・	828	928	1132	1345	1723	1800	1914	2017	2118	010
大　阪発	600	832	・・	1135	・・	・・	1812	1919	2021	2123	・・
吹　田発	617	847	・・	1150	・・	・・	1830	1934	2036	2138	・・
茨　木発	631	859	・・	1204	・・	・・	1844	1946	2049	2151	・・
高　槻発	644	916	・・	1219	・・	・・	1900	2001	2102	2203	・・
山　崎発	659	931	・・	1235	・・	・・	1918	2019	2118	2219	・・
向日町発	714	948	・・	1254	・・	・・	1934	2035	2134	2235	・・
京　都着	726	1000	・・	1307	・・	・・	1946	2048	2148	2247	・・
京　都発	・・	・・	・・	1315	・・	・・	1953	・・	・・	・・	・・
稲　荷発	・・	・・	・・	1322	・・	・・	2000	・・	・・	・・	・・
山　科発	・・	・・	・・	1335	・・	・・	2013	・・	・・	・・	・・
大　谷発	・・	・・	・・	1352	・・	・・	2029	・・	・・	・・	・・
馬　場着↓	・・	・・	・・	1400	・・	・・	2036	・・	・・	・・	・・

間２本、大阪〜京都間１本、神戸〜京都間２本、神戸〜大阪間４本であり、上下本数のバランスが取れていない。

同年７月21日の時刻改正では、下り馬場発11時55分と上り京都発13時15分の馬場〜京都間が廃止されている。しかし、続く９月20日の時刻改正の際には両列車とも復活し、５月１日の時刻に戻った。

さらに、翌明治27年（１８９４）４月16日に時刻改正を実施し、【表76】のとおりとなる。

下りは馬場〜神戸間２本、京都〜神戸間７本、大阪〜神戸間２本、上りは神戸〜馬場間２本、大阪〜京都間１本、神戸〜京都間４本、神戸〜大阪間４本である。区間ごとに上下の本数を見てみると、馬場〜神戸間２往復、神戸〜京都間下り７本・上り４本、大阪〜神戸間下り２本・上り４本、大阪〜京都間下り０本・上り１本であった。馬場〜神戸間は減り、京都、大阪、神戸間の三都を結ぶ列車が増発されたことがわかる。

以上、わが国初の時刻表『汽車汽船旅行案内』の創刊前夜までの時刻表を概観してきた。この後、明治27年10月５日の創刊日をもって、旅行者は格段に便利な旅の必需品を手にすることになったのだ。

あとがき ～『時刻表』の創刊と鉄道のその後～

■『時刻表』の創刊

わが国最初の月刊時刻表は、明治27年（1894）10月5日に庚寅新誌社が発刊した『汽車汽船旅行案内』であることはすでに書いた。庚寅新誌社は雑誌『庚寅新誌』を発行していた。同誌は明治23年（1890）2月11日に第1号が発行され、その年が庚寅の年であったので『庚寅新誌』と命名されたのである。ちなみに、2月11日は現在の建国記念の日、当時は紀元節であった。『庚寅新誌』は月2回発行の総合雑誌であったが、『汽車汽船旅行案内』が創刊される明治27年の3月16日発行分を最後に、突如廃刊となっている。

『汽車汽船旅行案内』は、庚寅新誌社のオーナー兼編集主幹であった手塚猛昌が、福沢諭吉の教えで時刻表を世に出すべく創刊したといわれている。

手塚は創刊号において、「回顧するに、汽車汽船なき世の東海道旅行には、駕籠人力車等の外に、旅行者を案内する一種の物ありて、吾輩は大に便利を得たりしが、今は汽車汽船の備はれるにも拘はらず、旅行者を案内する物なきは、文明の賜物に猶ほ不足する所あるが如し」と持論を展開し、イギリスのブラッド・シャウ氏の時刻表を紹介したうえで、次のように記している。

我國の汽車汽船の發着時刻及び賃金表を正確に取調らべ、線路航路の日に月に延長するものは、其の延長するに從つて之を掲げ、汽車汽船の發着時刻變更せるものは、その変更せるに從つて之を載せ、其他一切旅行案内となるべきものを報道せば、文明の賜物を完全にして、世人を益することあらんかと思ひ立ち、之を各鐵道會社、各汽船會社へも謀りしに、大いに賛成を得、成る可くの便利を與へらるゝことになりたれば、遂に本日を以て、汽車汽船旅行案内の第壹號を發刊することゝなれり。

これ以降、月刊時刻表は昭和の終戦前後の混乱期を除いて毎月発行され、現在に至っている。

■『汽車汽船旅行案内』発行時の鉄道

明治27年10月時点での鉄道は、本書で紹介した新橋～神戸間、大府～武豊間、米原～金ケ崎間、横須賀線大船～横須賀間以外に、どのようなものがあっただろうか。

官設鉄道では、次のような鉄道が開業した。

▼官設鉄道

・明治13年（1880）11月28日　官営幌内鉄道　手宮〜札幌間開業
・明治15年（1882）11月13日　官営幌内鉄道　札幌〜幌内間が開業し、
手宮〜幌内間が全通
・明治18年（1885）10月15日　中山道幹線　高崎〜横川間開業
・明治19年（1886）8月15日　直江津線　直江津〜関山間開業
・明治21年（1888）5月1日　直江津線　関山〜長野間開業
8月15日　直江津線　長野〜上田間開業
12月1日　直江津線　上田〜軽井沢間が開業し、
直江津〜軽井沢間全通
・明治26年（1893）4月1日　直江津線　横川〜軽井沢間が開業し、
高崎〜直江津間が全通

いっぽう、民営鉄道は次のとおりである。大手の民営鉄道は日本鉄道、山陽鉄道、九州鉄道の3社である。

▼日本鉄道

・明治16年（1883）7月28日　上野〜熊谷間開業
10月21日　熊谷〜本庄間開業
12月27日　本庄〜新町間開業
・明治17年（1884）5月1日　新町〜高崎間開業、上野〜高崎間が全通
8月20日　高崎〜前橋間開業
・明治18年（1885）3月1日　品川〜新宿〜赤羽間開業
・明治19年（1886）6月17日　利根川橋梁竣工
10月1日　宇都宮〜那須間開業
12月1日　那須〜黒磯間開業
・明治20年（1887）7月16日　黒磯〜郡山間開業
12月15日　郡山〜塩竈間開業

・明治23年（1890）4月16日　岩切～一ノ関間開業
6月1日　宇都宮～今市間開業
8月1日　今市～日光間開業
11月1日　一ノ関～盛岡間開業。上野～秋葉原（貨物）間開業
・明治24年（1891）9月1日　盛岡～青森間が開業し、上野～青森間が全通

▼山陽鉄道

・明治21年（1888）11月1日　兵庫～明石間開業
12月23日　明石～姫路間開業
・明治22年（1889）9月1日　神戸～兵庫間開業
11月11日　姫路～竜野（仮）間開業
・明治23年（1890）7月8日　兵庫～和田崎町間開業
7月10日　竜野（仮）～有年間開業
12月1日　有年～三石（仮）間開業
・明治24年（1891）3月18日　三石（仮）～岡山間開業

4月25日　岡山〜倉敷間開業
7月14日　倉敷〜笠岡間開業
9月11日　笠岡〜福山間開業
11月3日　福山〜尾道間開業
・明治25年（1892）7月20日　尾道〜三原（現・糸崎）間開業
・明治27年（1894）6月10日　糸崎〜広島間開業

▼九州鉄道

・明治22年（1889）12月11日　博多〜千歳川（仮）間開業
・明治23年（1890）3月1日　千歳川（仮）〜久留米間開業
9月28日　博多〜赤間間開業
11月15日　赤間〜遠賀川間開業
・明治24年（1891）2月28日　遠賀川〜黒崎間開業
4月1日　黒崎〜門司（現・門司港）間開業
久留米〜高瀬（現・玉名）間開業

7月1日　高瀬（現・玉名）～熊本間開業

・明治27年（1894）8月11日　熊本～川尻間開業

この三大民営鉄道のほか、明治27年10月時点で開業していたおもな鉄道は次のとおりである。

▼阪堺鉄道　難波～堺間

▼両毛鉄道　小山～前橋間

▼伊予鉄道　平井河原～外側間

▼水戸鉄道　小山～水戸間（明治27年10月時点では官営鉄道）

▼甲武鉄道　新宿～八王子間

▼大阪鉄道　湊町～奈良間・王寺～桜井間

▼讃岐鉄道　丸亀～琴平間

▼関西鉄道　桑名～草津間・亀山～津間

▼筑豊興業鉄道　若松～飯塚間・直方～金田間（明治27年10月時点では筑豊鉄道）

▼北海道炭礦鉄道　岩見沢～空知太《そらちぶと》・歌志内・室蘭（現・東室蘭）間

▼釧路鉄道　標茶～跡佐登《あとさのぼり》間
▼参宮鉄道　宮川～津間
▼総武鉄道　市川～佐倉間

■明治後半の鉄道は……

明治27年10月5日の『汽車汽船旅行案内』の創刊以降の鉄道を概観したい。

同年10月10日、山陽鉄道は神戸～広島間3往復のうち1往復を「急行」とし、8時間56分運転とした。初の長距離「急行」列車であった。しかし、同29年（1896）5月1日には「急行」運転を廃止している。

同じく明治29年9月1日には、東海道線の新橋～神戸間4往復のうち、1往復が「急行」列車となった。下り17時間22分、上り17時間9分運転であった。

明治32年（1899）5月25日、山陽鉄道は官営鉄道直通の京都～三田尻（現・防府）間昼行の「急行」1往復に食堂付1等客車を連結した。これが食堂車のはじまりである。また、翌33年（1900）4月8日、同じく山陽鉄道は大阪～三田尻間「急行」1往復に寝台付1等食堂合造車を連結。これが寝台車のはじまりとなった。

明治34年（1901）5月27日、山陽鉄道の神戸〜馬関《ばかん》（現・下関）間が全通、「急行」4往復のうち昼行1往復を「最急行」の名で12時間35分運転とした。翌々年、明治36年（1903）1月20日には京都〜下関間に「最大急行」を運転、神戸以西で下り11時間30分、上り11時間20分運転であった。のちの「特急（特別急行）」につながる、「急行」より速い列車のはじまりである。

この頃の社会情勢としては、明治37年（1904）2月10日、ロシアへの宣戦布告をもって日露戦争が勃発する。この戦争は、翌38年（1905）5月27日の日本海海戦を経て、同年9月5日、日露講和条約調印をもって終結している。

日露戦争後の明治39年（1906）3月31日、鉄道国有法が公布される。この法律をめぐる歴史や、日露戦争と鉄道国有法の関係などについては、ここで論じるべき課題ではない。しかし、鉄道国有法をもって北海道炭礦鉄道、甲武鉄道、日本鉄道、山陽鉄道、九州鉄道などの買収が進められ、わが国の鉄道は国有化されていくこととなったのである。

さて、こうした鉄道を取り巻く状況のもと、明治最後の年となる45年（1912）6月15日には、新橋〜下関間に「特急」1・2列車が新設された。この列車の所要時間は、下り25時間8分、上り25時間15分であった。

この特急列車の登場をもって、本書の筆を置くこととしたい。

＊

以上、本編・あとがきを通じて、明治時代の鉄道の時刻表を概観してきた。これら黎明期の鉄道の時刻表を見ていると、現在のスピード感のある鉄道と比較すれば、ゆったりとした気分になってくる。

鉄道の運転運輸史研究を志すようになって、もう40年を超えた。はじめは昭和30年代が好きで、戦後の運転運輸史研究を中心としていたが、明治5年（1872）からの運転運輸史を体系化しようと考えていた。

その時、日本大学教授の桜井徹先生から、国立公文書館の存在をご教示いただいた。有給休暇などを利用して足を運び、資料を集めた。また、そのほかにも明治の時刻表に関する書籍を集めた。それらを体系的にまとめれば、市販の時刻表がなかった明治の黎明期に走った列車がわかるのではないかと考えたのである。

その成果が本書である。まだわからないことや、誤ったことがあるのではないかと思われるが、読者諸氏のご指摘を待ちたいと思っている。

今回、本書を世に出すことができたのはキューブ編集室の齊藤洋一氏、交通新聞社の野坂隆仁氏のご尽力による。この場を借りて御礼申し上げる次第である。

参考文献

「時刻表を生んだ進取の魂」 曽田英夫 日本経済新聞 平成20年6月30日朝刊
『日本国有鉄道百年史』（第1巻） 日本国有鉄道 昭和44年4月
『史料鉄道時刻表① 明治四年〜二十六年』 大正出版 昭和56年8月
『琵琶湖の鉄道連絡船と郵便逓送』 佐々木義郎編著 成山堂書店 平成15年1月
『汽車誕生』 原田勝正著・野倉宣邦絵 らくだ出版 昭和57年1月
天理ギャラリー第121回展図録『明治の鉄道——日本の鉄道開業——』 東京天理ギャラリー 平成16年2月
『日本鉄道請負業史 明治篇』 社団法人鉄道建設業協会 昭和42年12月
『汽笛一声』 志茂田景樹著 KIBA BOOK 平成9年12月
『鉄道百年略史』 鉄道百年略史編さん委員会編 鉄道図書刊行会 昭和47年10月
『停車場変遷大事典 国鉄・JR編』 JTB 平成10年10月
『鉄道運輸年表〈最新版〉』（JTB『旅』1999年1月号付録） 大久保邦彦・三宅俊彦・曽田英夫編 平成11年1月
『はじめて学ぶ日本近代史 上 開国から日清・日露まで』 大日方純夫著 大月書店 平成14年3月

『「庚寅新誌」総目次および若干の資料』　小松隆二著　慶應義塾福澤研究センター　平成2年9月
『汽車汽船旅行案内』（第壹號）　庚寅新誌社　明治27年10月（復刻版：あき書房　昭和56年7月）
『日本鉄道史（上篇）』　清文堂出版　昭和47年9月（復刻）
『明治鉄道物語』　原田勝正著　筑摩書房　昭和58年10月
『鉄道略年表』　日本国有鉄道　昭和37年10月
『明治鉄道物語』　原田勝正著　筑摩書房　昭和58年10月
『値段史年表 明治・大正・昭和』　週刊朝日編　朝日新聞社　昭和63年
「官報」
「工部省記録」
「太政類典」
「公文類聚」
「日新眞事誌」
「横浜毎日新聞」
「東京日々新聞」

国立公文書館所蔵『太政類典』

曽田英夫（そだひでお）
昭和23年（1948）年、京都生まれ。関西学院大学経済学部卒業。鉄道運転運輸史研究家。鉄道史学会会員、交通権学会理事。主な著書に、『幻の時刻表』（光文社）、『列車名徹底大研究』『時刻表昭和史探見』、大久保邦彦氏との共著『列車名大研究』『新・列車名大研究』（JTB）、三宅俊彦氏らとの共著『時刻表に見る〈国鉄・JR〉電化と複線化発達史』、寺本光照氏ほかとの共著『時刻表アーカイブス 鉄道黄金時代①東海道本線・山陽本線・鹿児島本線編』（JTBパブリッシング）、そのほか『JTB時刻表復刻版』の解説や交通リスクの研究論文など多数。

交通新聞社新書099
発掘！ 明治初頭の列車時刻
鉄道黎明期の『時刻表』空白の20余年
（定価はカバーに表示してあります）

2016年8月19日　第1刷発行

著　　者——曽田英夫
発 行 人——江頭　誠
編集協力——株式会社キューブ編集室
発 行 所——株式会社　交通新聞社
http://www.kotsu.co.jp/
〒101-0062　東京都千代田区神田駿河台2-3-11
NBF御茶ノ水ビル
電話　東京（03）6831-6560（編集部）
東京（03）6831-6622（販売部）

印刷・製本—大日本印刷株式会社

ISBN978-4-330-69416-0